내 꿈은 놀면서 사는 것

MOCHOTTO "RAKU" NI IKITEMINAIKA

by WADA Hideki

Copyright©2018 WADA Hideki

All rights reserved.

Originally published in Japan by SHINKO SHA, Tokyo.

Korean translation rights arranged with SHINKO SHA, Japan

through THE SAKAI AGENCY and ENTERS KOREA CO., LTD.

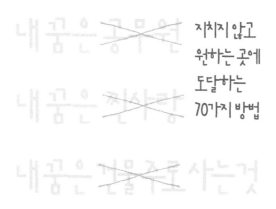

내 꿈은 놀면서 사는 것

지치지 않고
원하는 곳에
도달하는
70가지 방법

와다 히데키 지음 | 김현영 옮김

센시오

내 꿈은 매일매일
놀면서 사는 것이다

"인생은 길어서 그렇게 애쓰며 살다가는 무너져요."

이는 좀 느닷없고 과격하지만 이 책의 핵심 메시지다. 정신의학과 의사인 나를 찾아오는 사람들에게 이 말을 해주고 싶을 때가 한두 번이 아니다. 마음의 병을 앓는 사람들 중에는 성실한 사람, 그것도 아주 성실해서 제대로 쉬지 못해 스트레스가 가득 쌓인 사람이 많기 때문이다.

"마음 같아서야 쉬고 싶지요. 하지만 해야 할 일이 있는데 어떻게 쉽니까?", "아버지께서 치매에 걸리셔서 눈을 뗄 수가 없습니다." 하고 항변하는 사람도 있겠으나, 나는 이들에게 되묻고 싶다.

"조금 빨리 일을 끝낼 수 있는 방법을 찾아본 적이 있으십니까?"

"노인장기요양보험제도 등을 이용하면 다양한 지원을 받을 수 있습니다. 혹시 알아보셨습니까?"

요령 없는 사람보다 요령 있는 사람이 원하는 바를 더 빨리 이룰 수 있다. 궁리하면 얼마든지 좀 더 편하게 살 수 있다. 나는 어른이 된 이후부터 사람들에게 줄곧 "편하게 사는 편이 나아요."라고 권하고 있다.

내가 이 메시지를 권하기 시작한 것은 27세 때 《대학 입시는 요령이다》라는 책을 출간하고부터였다. 수험생들은 자는 시간도 아까워하며 열심히 노력한다. 그런데 실제로 내가 지켜본 수험생 중 많은 이가 원하는 대학에 들어가지 못했다. 그런 이들에게 좀 더 '쉽게' 원하는 대학에 합격할 수 있는 방법을 알려주고 싶었다.

그 이듬해에 나는 노년정신의학의 길로 들어서게 되는데, 이 분야에서는 환자 본인의 치매나 우울증 치료 이외에 환자 가족에게 적절한 조언을 하는 것이 매우 중요한 업무다. 너무 열심히 환자를 돌보다가 '병간호 우울증'에 걸리는 사람이 많은 탓이다.

나는 이 일을 하면서도 이 메시지를 권했다. "함께 무너지지 말고 조금이라도 편한 방법을 찾아봐야 합니다."라는 말이 입버릇이었다. 그러나 환자의 가족들은 자신이 편해지는 데 대해 죄의식을 느끼는 경향이 강해서 그들을 이해시키기까지 상당한 시간이 걸렸다.

사실 처음부터 메시지가 과격했던 것은 아니다. 입시 책을 냈을 때나 정신의학과로 일하기 시작했던 때에는 스트레스를 해소할 시간이 있어야 한다거나 조금이라도 휴식을 취해야 한다고 돌려 말했다.

그런데 지금은 과격하다 싶을 정도로 강하게 메시지를 전달하기로 생각을 바꿨다. 세상이 달라졌다. 편하게 지내려는 의지가 없으면 새로운 무언가를 고안해낼 수도 없고, 인생을 편히 살 수도 없는 시대가 되었다. 실제로 지금 우리 주변에서 일어나는 발명은 대개 편해지고자 하는 욕구에서 출발한다.

인간의 뇌는 나이를 먹을수록 전두엽이 줄어든다. 늘 하던 대로 타성에 젖어 살면 뇌가 더 빨리 늙는다. 무언가에 새롭게 도전하고 늘 호기심을 품어야 노화 진행을 늦출 수 있다. 무언가를 계속 궁리하고 도전하려면 무엇보다도 마음이 편해야 한다.

기술이 발달하여 인공지능(AI)이나 로봇이 실생활에 쓰이기 시작하면 이를 거부하며 살아갈 수 없게 된다. 편안함에 익숙해지지 않으면 시대에 뒤떨어질지도 모른다.

게다가 기술이 발달하면 원하는 것은 무엇이든 만들 수 있다. 모든 사람이 '도라에몽'을 손에 넣게 되는 것이다. 그렇다 보니 좀 더 편한 물건, 좀 더 편한 서비스를 생각해내는 경영자가 우수하다는 평가를 받는다. 실제로 애플의 창업자 스티브 잡스(Steve Jobs)는 비록 기술자는 아니지만 '이런 것이 있으면 좋겠다.'라는 아이디어가 뛰어나서 천재로 평가받는다.

더 편하게 살려는 사람이 인정받는 시대, 더 편하게 살 수 있는 시대가 도래했다. 나는 좀 더 편하게 사는 데 도움이 되는 힌트를 사람들에게 전하고자 이 책을 썼다. 삶이 힘든 누군가가 이 책을 읽고 조금이라도 편하게 살 수 있다면 저자로서 그보다 더한 기쁨은 없으리라.

와다 히데키

차 례

CHAPTER 1

편하게,
즐겁게,
놀면서
살 수는 없을까?

세상 참 편해졌는데
더 편해져야지

노인들의 입버릇 중에 "세상 참 편해졌다."라는 말이 있다. 집안일과 관련해서 특히 그런 말을 많이 한다. 가전제품이 발달하면서 음식 준비, 식사 후 뒷정리, 세탁, 청소 등의 집안일이 예전에 비해 확실히 편해졌다.

그렇다고 나이 지긋한 시어머니가 젊은 며느리에게 무심코 "요즘은 기계가 잘 나와서 편해졌어."라고 말하면 어떻게 될까? 대다수의 며느리가 발끈하리라.

"편하긴 뭐가 편해요? 얼마나 바쁜지 아세요?"

"가만히 앉아서 며느리가 차려주는 밥을 먹으니 참 편하겠죠. 누구 보고 편하다는 거예요?"

차마 입 밖으로 내뱉지는 않겠지만 속으로는 별별 소리를 다 할 것이다. 가전제품이 발달한 것은 사실이다. 가전제품뿐 아니라 소비자의 편의를 고려한 제품은 지금도 계속해서 나오고 있다.

그런데 살기 편한 시대에 태어나서 다행이라고 있는 그대로 기뻐하는 사람은 거의 없다. 물론 할 말은 있다. 일하랴, 아이 키우랴, 살림하랴 나름 고생하며 살고 있는데 "편해서 좋겠네."라는 말을 누가 기분 좋게 받아들이겠는가?

꼭 아이를 둔 워킹맘이 아니라도 편하다는 말을 듣고 좋아하는 사람은 드물다. 힘든 일을 마쳐놓고 잠시 쉬고 있는데 누군가가 "넌 편해서 좋겠다."라고 하면 너나없이 불쾌할 것이다.

하지만 편하다는 말에 화가 나는 건 단순히 그런 이유만은 아니다. "편해서 좋겠네."라는 말 자체가 '게으른 사람'이라는 욕으로 들려서 화가 나는 것이다.

· POINT ·

사람들은 '편해서 좋겠다.'라는 말을 '게으른 사람'이라고 받아들인다.

세상 편한 일이
가장 좋은 일

"편해서 좋겠네."라고 말하는 사람들의 속내는 무엇일까? 그 속내야 뻔하다. 비꼬려는 심사다. 개중에는 "부럽다.", "나도 그렇게 쉬고 싶다."라는 말을 덧붙이는 사람이 있을지도 모른다. 그렇더라도 그들이 건네는 "편해서 좋겠네."라는 말에는 게을러빠졌다거나 그러다 나중에 고생할 거라는 식의 악의가 담겨 있다.

당신은 그 말을 들었을 때 어떤 생각이 드는가? 혹시 편안함을 멸시하고 있지는 않은가? 스스로에게 편안함을 금하고 있지는 않은가? '빈둥거리면 안 된다.', '다들 참고 열심히 일

내 꿈은 놀면서 사는 것

하는데 이렇게 쉬면 안 된다.'라며 편히 쉬고 싶은 욕구에 제동을 건 적은 없는가?

열심히 노력하는 자신의 모습에는 마음을 놓아도, 편히 쉬는 자신의 모습에는 안절부절못하지 않은가? 그래서 힘든 일을 끝내놓고 좀 쉬고 싶은 마음이 들어도 '여기에서 쉬면 안 돼.' 하고 자신을 추슬러 곧바로 다음 일에 착수한 적이 있지는 않은가?

'편안함'을 거부하는 사고방식은 업무 스타일에도 영향을 미친다. 어떻게 하면 편하게 일할지, 좀 더 쉬운 요령은 없을지에 대한 궁리 자체를 달가워하지 않는다.

"그런 쓸데없는 생각 말고 성실히 일해야지."

"놀기 좋아하니까 요령을 찾지, 쯧쯧쯧."

좀 편해지려고 궁리하는 것인데, 사람들은 대개 '편안함'을 나쁜 것으로 취급한다. 참 희한하다.

'편안함'은 '괴로움'이나 '긴장감'보다 몸과 마음에 훨씬 이롭다. 같은 일을 하더라도 좀 더 쉽고 편안하게 할 수 있다면 그보다 더 좋은 일은 없다. 쉽고 빠르게 일을 끝내면 여유가 생기고, 여유가 생기면 그 시간에 자신이 좋아하는 무언가를 할 수 있다. 자유롭게 보낼 수 있는 시간이 늘면 행복한 삶을 보낼 수 있다.

아무리 생각해도 좋은 점밖에 없는데, 왜 사람들은 '편안함'을 적대시하는지 이해가 되지 않는다.

무리하다 쓰러지면
죽도 밥도 안 된다

'편안함'을 적대시하는 이유 중 하나는 '근면 성실함'이 경제 발전의 원동력이 된다고 여기는 사회 분위기 때문이다. 힘들어도 참고 노력하는 데 가치를 두는 사람은 편안함에 죄의식을 느낀다.

특히 병간호 현장에서 이런 경우를 많이 보았다. 나는 노년정신의학과 의사라는 직업상 치매 환자의 가족과 자주 만난다. 그런데 헌신적으로 간호하다가 지쳐 쓰러지거나 우울증에 걸리는 환자 가족이 적지 않다.

물론 나는 그런 일이 일어나기 전에 "너무 무리하다가 쓰러지시면 죽도 밥도 안 됩니다. 쉬어가면서 하세요."라고 조언한다. 내 말을 듣고 고개를 끄덕이며 수긍하는 사람도 있지만, 거부하는 사람이 훨씬 많다. "여러 서비스나 시설을 이용하는 방법도 있습니다. 모든 걸 다 떠안지는 마세요."라고 아무리 설득해도, 자기만 편할 수는 없다며 고개를 가로 젓는다.

이 꿈쩍도 않는 근면 성실함이 뿌리 깊은 도덕관에서 비롯된 것이라면 쉽게 바뀌지 않으리라. 그럼에도 나는 좀 더 편하게 살자고 외치고 싶다. 편해지는 방법을 궁리해서 몸과 마음이 편해지면 자연스레 삶이 즐거워지지 않겠는가.

시대가 바뀌었다. 이제는 인공지능이 인간의 일을 대신하는 세상이 됐다. 얼마 전 세탁물을 개는 기계가 나와서 화제다. 건조기까지는 이미 널리 보급되었지만, 세탁이 끝난 옷을 개는 일은 어디까지나 인간의 몫이었다. 그런데 인공지능 가전제품이 그 일까지 해준다면 세탁에 관해서만큼은 인간의 수고를 일절 들이지 않게 되리라.

물론 아직은 부족한 점이 많겠지만, 이 세상은 인간의 수고를 줄이는 쪽으로 돌아가고 있다. 인간의 편의를 도모하는 제품이 계속해서 개발되는 까닭은 '더 편해지고 싶다.'라는 욕구가 소비자에게 있고, '더 편하게 해주겠다.'라는 마음이 생산자에게 있기 때문이다.

우리는 인공지능 시대를 맞이했다. 인공지능 시대는 '편리함'을 수용하고 제공하는 시대라고 해도 과언이 아니다.

· POINT ·

이 세상은 인간의 수고를 줄이는 쪽으로 돌아가고 있다.

우리 뇌는 원래부터
노는 걸 좋아해

일상에 인공지능이 스며든 오늘날에 '편안함'을 거부하는 것은 아무리 생각해도 현실에 뒤떨어진 태세다. 충분히 편해질 수 있는데 굳이 힘든 삶을 선택할 필요가 있을까?

집안일이든 병간호든 '좀 더 편한 방법이 없을까?' 하고 머리를 굴리는 것은 결코 나쁜 게 아니다. 아니, 오히려 몸과 마음이 건강하고 온전해지는 길이다.

편안함은 뇌에도 좋다. 인간의 뇌에는 본래 쾌락을 추구하는 본능이 있다. 뇌는 힘들거나 괴로운 일을 좋아하지 않고, 노력이나 근성도 좋아하지 않는다. 뇌는 우리가 놀 때 가장 좋아한다.

 '어떻게 하면 편해질지'를 궁리할 때 인간의 뇌는 가장 힘이 넘친다. 본래 뇌가 하는 일이 '생각'인 데다 그 끝에 '편안함'이 기다리고 있으니 힘이 넘치지 않을 이유가 없다. 지면상의 이유로 그 복합적인 메커니즘의 과학적인 해설을 전부 담기는 힘들지만, 여기서는 인간의 뇌가 편안함과 쾌락을 선호한다는 핵심 사항만 기억하도록 하자.

 나는 30여 년 전 "수학은 암기다.", "시험은 요령이다."라는 내용으로 책을 냈다가 세간의 질타를 받은 적이 있다. "공부는 그렇게 단순하지 않다.", "기본을 익히고 스스로 생각하지 않으면 실력이 쌓이지 않는다."라는 근거를 대며 저자인 나를 비난했다.

 그 와중에도 책은 잘 팔려서 일부 독자의 지지를 받기는 했지만 나로서는 '좀 그랬나?' 하고 반성했다. 절대 거짓을 말했다며 반성한 것이 아니다. '편한 방법을 너무 강조했나?'라는 의미로 반성했다.

 하지만 지금의 나라면 그때 반성하지 않았을 것이다. 공부할 때 편한 방법부터 찾는 것이 옳다고 확신하기 때문이다. 절대로 요령을 피우면 안 된다며 인내하고 노력하는 수험생보다 자신에게 맞는 공부법을 궁리하고 그렇게 찾은 지름길을 따르는 수험생이 훨씬 더 빠르게 성적을 올릴 수 있다. 당연히 인간의 뇌는 후자를 선택했을 때 더 기뻐한다.

사서 하는 고생은
건강만 해친다

내가 2017년에《좀 더 대충 살지 않을 텐가?》라는 책을 출판했을 때 생각보다 많은 사람이 지지를 보내주었다. "시각이 확 바뀌었다.", "삶의 태도를 돌아보는 계기가 되었다." 등 과분한 감상을 전해주는 독자도 있었다.

《좀 더 대충 살지 않을 텐가?》에서 나는 한쪽 끝에 '대충'을 놓고, 그 반대쪽 끝에 '반드시 이래야 한다는 완벽주의'를 놓은 후 "좀 대충 살아도 문제되지 않는다."라는 메시지를 풀어나갔다.

나는 일부러 상반되는 사고방식을 대비되는 위치에 놓고

'대충'을 강조했다. 그래야만 머릿속에 박혀 있는 '반드시 이 래야 한다는 완벽주의'를 떨쳐낼 수 있기 때문이다.

'편안함'도 그렇다. 이 말에 죄의식이나 혐오감을 가진 사람이 상상 이상으로 많다. 그런데 그런 사람은 결국 자기 스스로 답답하고 괴로운 삶을 선택하게 된다.

그들에게 말해주고 싶다. 이제는 편안함을 수용하지 않으면 오히려 손해 보는 세상이라고 말이다. 편해질 수 있는 시대가 되었는데 굳이 고생을 선택하는 건 단 한 번뿐인 인생을 스스로 하찮게 만드는 꼴이다.

어쩌면 당신도 마음 한구석에 '편안함'에 대한 거부감이 있을지도 모른다. 바쁘게 정신없이 살다가 잠시 여유가 생겼을 때 '편해지면 다시 바빠졌을 때 적응하기 어려울지 모르니 늘어지면 안 된다.'라고 자신을 다그친 적이 있지 않은가?

편안함에 거부감이 강한 사람은 목표를 이루는 과정에 고생은 당연히 따라오는 것이고, 모든 사람이 다 마찬가지로 애쓰고 있다고 생각하며, '인내는 쓰고 열매는 달다.'라는 말을 신봉한다.

노력의 가치를 폄하하려는 생각은 없다. 다만 그중에는 '그렇게까지 고생하지 않아도 되는' 경우가 많다는 말을 하고

내 꿈은 놀면서 사는 것

싶다. 즉 더 편하게 할 수 있는 경우, 아예 안 해도는 경우도 많다는 것이다.

더 편해지는 방법을 찾아보면 지금보다 더 편히 살 수 있는 길이 보인다. 지금보다 더 행복해질 수 있다. 이를 위해서는 먼저 당신 안에 있는, 편안함을 경계하는 마음부터 버려야 한다. 그 마음을 떨쳐버리고 '더 편해질 수 있는 방법'을 궁리해야 한다. 내 인생인데 내가 편하지 않으면 나만 손해이지 않은가.

• POINT •

편안함을 수용하지 않으면 오히려 손해 보는 세상이다.

···

내가 희생할수록
상대가 부담스러워한다면?

집에서 오랫동안 딸에게 병간호를 받느라 늘 미안했던 고령의 어머니가 있다. 이 어머니는 시설에 들어가고 나서야 비로소 마음이 편해졌다고 한다.

"이런 홀가분한 기분이 얼마 만인지 모르겠어요. 이제는 딸이 힘들어하는 모습을 보면서 나까지 힘들어지는 일도 없을 테고, 시설 사람들에게 마음 편히 도움만 받으면 되니까 정말 좋아요."

편안함에 거부감이 강한 사람은 힘들어하면서도 꿋꿋이 참으며 일한다. 그리고 '누군가를 위해 중요한 일'을 하고 있

028
내 꿈은 놀면서 사는 것

으니 그 사람이 좋아할 거라고 생각한다.

지극정성으로 병간호를 하는 환자 가족, 팀원이 미덥지 못해 수시로 일을 봐주는 팀장, 자식을 위해 날마다 균형 잡힌 밥상을 차리는 주부 등 '누군가를 위해 중요한 일'을 하고 있다는 마음으로 열심히 사는 사람이 많다.

근면 성실할수록 '내가 더 힘내야지.'라는 마음이 강하다. 워킹맘 K씨는 연일 야근하다 오랜만에 정시 퇴근을 했지만 옷도 벗지 않고 주방으로 직행한다. 피곤한 몸은 휴식을 원하지만 '아이를 위해 기운을 내야지.' 하고 '편안함'을 용납하지 못한다.

그런데 어느 날, 독감에 걸린 K씨는 회사도 나가지 못하고 집에 누워만 있어야 했다. 도저히 요리할 수 있는 몸 상태가 아니어서 아이에게 돈을 주며 "마트에 가서 반찬 좀 사올래?"라고 했다. K씨는 몸이 아파 어쩔 수 없는 상황인데도 사온 반찬으로 끼니를 때워야 하는 아이가 짠해서 미안하다.

하지만 K씨에게 돈을 받아 마트로 향하는 아이의 발걸음은 가볍다. "이런 반찬 먹고 싶었어!" 하고 자기가 좋아하는 반찬을 잔뜩 살 수 있어서 신이 났다.

아이의 속마음을 알게 되면 K씨는 지금껏 자신이 착각하고 있었다는 생각에 충격을 받을지도 모른다. 그런데 놀랍게도 이런 일은 우리 주변에서 아주 흔하게 일어난다.

편안함에 거부감이 강한 사람은 자신이 쉬면 그만큼 누군가가 힘들어질 거라고 여긴다. 자신은 '누군가를 위해 중요한 일'을 하고 있다고 착각하고 있기 때문이다. 누군가를 위해 힘을 내는 모습이 오히려 그 상대방을 힘들게 할 수 있다.

자식이 지극정성으로 병간호를 하면 그 부모는 자식의 모습을 보면서 항상 죄인이 된 듯한 기분을 느낄지도 모른다. 어머니가 손수 차려주는 영양 만점의 음식을 먹는 아이는 남기지 말고 맛있게 먹어야 한다는 부담감에 짓눌려 있을 수도 있다.

물론 나는 '누군가를 위하는' 그 마음을 부정할 생각은 없다. 그러나 그 마음 뒤에 이어지는 '그래서 나는 편히 쉬면 안 돼.'라는 결론은 잘못됐다고 생각한다. 오히려 '누군가를 위해서 나도 편히 쉬어야지.'라는 결론이 옳다.

"오늘은 좀 쉬고 싶어서 도우미를 부를까 해요."라고 말하면 어머니가 오히려 만면에 웃음을 띠고 "잘했다, 잘했어. 나가서 너 하고 싶은 거 하고 들어오렴." 하고 좋아할지도 모른다. K씨도 가끔은 "오늘은 아무것도 하고 싶지 않으니까 네가 먹고 싶은 걸 사서 먹으렴."이라고 말하면 아이는 오히려 "야호!" 하고 신나할지도 모른다.

　아니, 더 솔직하게 말하면, 누군가를 위해 편안함을 선택하는 날이 자주 있어야 양쪽 모두가 스트레스에 짓눌리지 않을 것이다. 편히 쉬는 선택은 자기 자신뿐 아니라 주변 사람들까지 편하게 해주는 길임을 꼭 기억하자.

· P O I N T ·

누군가를 위해 힘을 내는 모습이 오히려 그 상대방을 힘들게 할 수 있다.

CHAPTER 2,

매사
게으름을
성실하게
궁리하라

남들 공부할 때 잘 자면
시험날 머리가 맑아진다

나이가 좀 있는 사람들은 '사당오락(四當五落)'이라는 말에 얽힌 괴로운 추억이 있을지도 모르겠다. '사당오락'이란 하루 4시간 자면 합격하고, 5시간 자면 떨어진다는 말이다. 예전에는 많은 수험생이 잠자는 시간을 줄이면서까지 열심히 공부해야 입시 경쟁에서 살아남을 수 있다고 믿었다. 심지어 잠을 자면 기껏 외운 내용을 다 까먹는다고 믿는 수험생도 있었다.

정말로 4시간 자는 수험생이 합격하고 5시간 이상 잔 수험생은 불합격했을까? 실제로 그 당시에 도쿄대의 한 교수가 신입생을 대상으로 설문조사를 한 적이 있다. 수험생일 때의 수면시간을 물어본 것이다. 결과는 예상외였다. 설문에 답한 도쿄대 신입생들의 수면시간은 평균 8.5시간이었다. 8.5시간이 평균이라는 것은 9시간 이상 잠을 잔 수험생도 있다는 이야기다.

하지만 당시 이 설문조사의 결과는 어째서인지 화제가 되지 못했다. 4시간까지 수면시간을 줄이는 것은 좀 지나치다는 목소리가 아예 없지는 않았지만, 대다수의 수험생은 잠자는 시간을 줄이는 게 당연하다고 여겼다.

요즘에는 대학 합격과 수면시간의 상관관계를 굳이 따지지 않는다. 물론 기억력에 대한 관심은 여전하다. 뇌기능 분석기기의 발달로 뇌 활동이나 기억의 메커니즘이 속속 밝혀지고 있다.

그중 "잠을 자면 잊어버린다."라는 말은 불안해서 나온 속설일 뿐 아무런 근거가 없다는 게 밝혀졌다. 오히려 잠을 잘 때 전날의 기억이 잘 정리되어 뇌에 입력된다고 한다. 공부를 하겠다고 수면을 취하지 않으면 오히려 역효과가 나는 것이다.

그렇다면 당시에 8.5시간 이상을 자고도 도쿄대에 합격한 수험생은 뇌와 수면의 메커니즘을 알았을까? 그렇다기보다 잘 자고 일어나야 머리가 맑다는 것, 몸이 개운하다는 것, 암기가 잘된다는 것을 일상생활로 몸소 체득했으리라. 그런 경험을 바탕으로 잠자는 시간을 줄이기보다 편히 쉬는 편이 합격의 지름길임을 눈치챘을 것이다.

· POINT ·

"잠을 자면 잊어버린다."라는 말은 불안해서 나온 속설일 뿐 아무런 근거가 없다.

고생 끝에 오는 건
또 다른 개고생

편안함을 선택해서 휴식을 취했을 때 가장 좋은 점은 몸이 편해진다는 것이다. 너무도 당연한 말을 왜 하는지 의아해할 수 있다. 하지만 편안함 대신 노력에 더 가치를 두고 계속 그쪽을 선택하면 편안히 쉬었을 때 얼마나 기분이 좋은지, 그 당연한 이치를 잊어버린다.

예를 들어, 엉거주춤한 자세로 한참 일하다 보면 '허리가 너무 아픈데? 의자에 앉아서 해야겠다.'라는 생각이 들 것이다. 적당한 높이의 의자를 가져와 앉으면 곧바로 "아이고, 편해라." 소리가 절로 나오리라. 그리고 허리가 아프기 전에 왜 진작 의자에 앉을 생각을 하지 못했는지 고개를 갸웃할지도 모른다.

몸이 아프고 나서야 편히 쉴 생각이 드는 이유는 뭘까? 바로 편안함을 거부하는 것이 습관이 되었기 때문이다. '힘들어도 열심히 하는 수밖에 없다.'라는 사고방식에 사로잡혀 있어서다.

이러한 사고방식을 가진 사람은 주변에서 쉽게 발견할 수 있다. 집안일이든 업무든 공부든 사람들은 어떤 해야 할 일이 생기면 일단 '힘들지만 참고 열심히 하는 수밖에 없어.', '남들도 다 하니까 힘을 내야지.'라는 생각만 한다. 그 일을 해야 한다는 걸 알았을 때 곧바로 '좀 더 편한 방법이 없을까?' 하고 궁리하는 사람은 별로 없다.

'낙은 고생의 씨요, 고생은 낙의 씨다.'라는 일본 속담이 있다. 지금 편하면 나중에 고생하고 지금 고생하면 나중에 편해진다는 뜻이다.

하지만 나는 지금 편하면 나중에도 편하고, 지금 고생하면 나중에도 고생한다고 생각한다. 지금 편해야 그 맛을 알아 계속 편해질 방법을 궁리할 것이고, 지금 고생하면 거기에 익숙해져서 편해졌을 때의 즐거움을 잊기 십상이기 때문이다.

고생 끝에 낙이 온다고 믿으면 괴로움을 참는 것이 미덕이 되어버린다. 이 고생이 언젠가 결실을 맺으리라고 믿으면 자신이 겪는 고통에 대해 불만은커녕 아무런 의문도 품지 않게 된다. 참으로 자학적인 사고방식이 아닐 수 없다. 고생 끝에 낙이 온다는 말은 열심히 살아가는 사람에게 '헛된' 희망을 주는 말이 아닐까.

· POINT ·

지금 편하면 나중에도 편하고, 지금 고생하면 나중에도 고생한다.

···

편해지려고 노력할수록
일상이 즐겁다

편해질 수 있는 방법을 찾아냈을 때 '아니, 이런 방법이?!' 하고 기뻐하는 이유는 앞으로 더 편해질 수 있기 때문이다. 그리고 편한 방법을 찾아낸 스스로가 흡족해서 기분이 좋아진다. '역시 나는 똑똑해.' 하고 나 자신을 칭찬한다.

회사원 L씨는 얼마 전 회사 근처에 원룸을 얻어 독립했다. 생활비를 아끼기 위해 손수 밥을 지어 먹다 보니 주방에 있는 시간이 길어졌다. 주방도구도 자신이 쓰기 편한 자리에 착착 배치했다. 주방이라는 제한된 공간에 프라이팬, 냄비, 칼, 식기, 행주, 조미료 등 각종 주방도구의 제자리를 정했다. L씨는 '어떻게 하면 음식을 편히 만들 수 있을까?'를 궁리했을 것이다. 동선, 선반 높이, 사용빈도, 주방도구의 무게 등 다양한 사항을 고려해 배치했다.

그리고 불편한 점이 있으면 그때그때 배치를 바꾸면서 요리하기 편한 주방을 만들어나갔다. 그러다 마침내 편한 주방을 완성한 L씨는 매우 흡족해했다.

주방에서 일하다 보면 '이런 도구가 있으면 참 편하고 좋을 텐데.' 하는 생각이 들 때가 있다. 혹시나 하고 주방용품 판매점이나 인터넷 쇼핑몰을 둘러보면 놀랍게도 있으면 편리하겠다고 생각했던 물건은 대개 시중에 나와 있다.

기쁜 마음에 얼른 그 물건을 구입해서 사용해보고, 역시 편하다며 고개를 끄덕인다. 번거로운 작업을 간단히 끝낼 수 있어서 기분이 좋아진다. 그리고 그런 물건을 생각해내고 구입한 스스로에게 만족해한다. '역시 나는 똑똑해.' 하고 칭찬도 잊지 않는다.

이와 같이 현재 있는 물건에 만족하지 않고 더 편한 물건이 없는지 궁리한 경험은 누구나 한 번쯤 있을 것이다. 집에서든 직장에서든 늘 편리함을 궁리하는 게 좋다. 즉 '편리함을 궁리한다.'라는 말은 현재 생활에 만족하지 않고 더 편한 생활로 바꾸려고 궁리한다는 뜻이다. 생활이 더 편해지면 기분이 좋아진다. 그런 의미에서 '더 편한 방법을 찾으려는 궁리'를 생활의 지혜라고 할 수 있지 않을까. 생활의 지혜가 없으면 언제까지고 불편함을 참으며 살아야 한다.

· POINT ·
'편리함을 궁리한다.'라는 말은 현재 생활에 만족하지 않고 더 편한 생활로 바꾸려고 궁리한다는 뜻이다.

• • •

무작정 노력하기보다
편해질 궁리를 하라

일상생활 중에 꼭 해야 하는 행동인데 불편함이 있다면 어떨까? 그 불편한 행동을 할 때마다 스트레스가 쌓일 것이다. 그것도 매일같이 말이다.

가령 동선이 불편한 주방이라면 요리할 때마다 짜증이 날 테고, 심한 경우에는 주방에 들어서는 것조차 고역일 수 있다. 그 밖에도 수압이 약한 샤워기, 발에 자꾸 걸리는 회사 컴퓨터 전선, 항상 켜져 있어서 밤에 신경 쓰이는 전자기기의 LED 상태표시등…, 일상의 불편함은 다양하다.

궁리를 하면 충분히 없앨 수 있는 불편함으로 불필요한 스트레스를 받고 있는 경우는 의외로 많다. 편리한 방법을 궁리하면 그 방법을 찾을 때마다 스트레스가 해소되고 기분이 좋아지리라.

당신은 더 기분 좋게 살기 위해서라도 편해질 방법을 궁리하는 습관을 들여야 한다. 일할 때, 공부할 때, 목표 실현을 위해 나아갈 때 평소 편한 방법을 궁리하다 보면 지금까지와는 다른 흥미를 느끼게 될 것이다.

예컨대 작업이 좀 더 편해질 궁리를 하다 보면 "이런 도구가 있었네?" 하고 놀라게 되는 경우가 많다. 사실 자신만 몰랐을 뿐, 세상에는 이미 편해질 수 있는 방법과 기술이 아주 많이 나와 있다. 조금만 궁리하면 이 기술과 방법을 온전히 누리며 살 수 있다.

본래 과학 기술은 좀 더 편해지고 싶다는 인간의 욕구에 의해서 발달되었다. 의학 기술도 마찬가지다. 환자에게 부담이 덜 가는 편안한 치료를 연구하다 보니 오늘날에 이르게 되었다. 예전에 비해 세상이 더 편해진 건 모두 '편안함'을 추구한 덕이다.

편해질 수 있는 방법과 기술이 이렇게 발달되어 있는데 편안함을 거부하고 고생길을 선택하는 건 아무리 생각해도 손해다. 하지 않아도 되는 노력, 필요하지도 않은 고생을 일부러 자신에게 부과하는 건 바보 같은 짓이다.

세상에는 이미 편해질 수 있는 방법과 기술이 아주 많이 나와 있다.

노력을
꼭 '열심히' 해야 할까?

스트레스는 우리의 몸과 마음을 상하게 한다. 전부 스트레스 때문이라고 할 수 없지만, 암을 포함한 각종 질병이 스트레스와 무관하지 않다는 데 대부분 동의할 것이다. 실제로 현대의학에서도 스트레스로 면역력이 약해졌을 때 다양한 질병에 걸리기 쉽다고 말한다.

예전에는 암을 치료할 때 일단 수술로 종양 부위를 제거하고 부작용이야 어떻든 간에 무조건 항암제를 투여했다. 하지만 지금은 수술하지 않고 국소 부위에만 방사선 치료를 하는 등 환자의 스트레스가 적은 방법을 선택한다. 환자의 스트레스를 줄여야 결과적으로 예후가 좋다는 것을 알기 때문이다.

스트레스가 무조건 나쁜 것은 아니다. 적당한 스트레스는 면역력 강화를 유도하기도 한다. 입시를 마친 수험생이 긴장이 풀려 감기에 걸리는 것이 그 좋은 예다.

수험생 이야기가 나와서 말인데, 자신의 학습법에 확신이 있고 합격할 자신이 있는 수험생은 "드디어 결전의 날이 밝았다!"라며 최고의 몸 상태로 시험장으로 향할 것이다. 이런 수험생은 그리 힘들어하지 않으며 입시생활을 보내면서 적당한 긴장감을 시험 당일까지 유지한다.

하지만 자신의 학습법에 확신이 없고 성적 향상이 만족스럽지 않아 초조해하면서도 열심히 하는 수밖에 없다며 자신을 채찍질하는 수험생은 입시생활 내내 극심한 스트레스에 시달릴 것이다. 어쩌면 시험도 보기 전에 쓰러질지도 모른다.

적당한 긴장감은 면역력을 강화하지만 극심한 스트레스는 우리 몸을 상하게 한다. 편해질 방법을 궁리하자는 말은 결코 아무것도 하지 말고 가만히 있자는 말이 아니다. '힘든 노력' 대신에 '편한 노력'을 선택하자는 이야기다.

힘들고 괴로운 일이 있으면 무조건 참고만 있지 말고 어떻게 하면 더 편하게 해낼지 궁리해야 한다. 노력이 편해야 지속하는 데 스트레스를 받지 않는다. 스트레스를 받지 않아야 몸과 마음이 건강해진다. 생각해보라. 피곤하고 지쳤지만 참고 노력하는 사람이 더 건강할까, 무리하지 않고 편하게 일하는 사람이 더 건강할까?

· POINT ·
적당한 긴장감은 면역력을 강화하지만 극심한 스트레스는 우리 몸을 상하게 한다.

・ ・ ・

고된 노력은
괴로운 추억이 될 뿐이다

앞에서 입시 관련하여 '사당오락'에 대해 언급했다. 입시 전문가로서 하루 4시간만 자고 입시생활을 한다는 것은 잘못됐다고 생각한다. 사당오락이 당연하게 여겨지던 당시에도 나는 4시간 수면은 너무 가혹다고 생각했다. 4시간 수면이 뇌에나 몸에 결코 좋을 리가 없다. 수면 시간이 부족하면 머리가 멍해져서 학교 수업에도 집중하지 못할 것이다.

고된 노력은 말 그대로 고된 노력일 뿐 목표 달성을 보장하진 않는다. 가령 목표를 달성하더라도 또다시 고된 노력을 반복해서 악순환을 벗어나지 못한다. 다음의 가정을 보고 당신도 한번 지금의 노력을 돌아보길 바란다.

수험생 A군은 사당오락 신봉자다. 그 정도로 노력하지 않으면 원하는 대학에 합격할 수 없다고 진심으로 믿는다. 성적이 올라가지 않으면 '더 열심히 노력해야겠다.'라고 생각한다. 그래도 안 오르면 '더 노력해야겠다.'라고 생각한다. 계속해서 자신을 몰아붙이니 A군은 입시생활이 너무 고통스럽다.

만약 A군이 원하는 대학에 합격하지 못한다면 어떻게 될까? 필시 '그렇게 노력했는데 나는 왜 실패했지?' 하고 자기 자신을 부정하리라. '나는 아무런 능력도 없는 쓸모없는 인간이야.'라며 자신감을 완전히 상실할지도 모른다.

설령 원하는 대학에 합격해도 보상받았다며 기뻐하기보다 "다시는 그런 힘든 과정을 밟고 싶지 않아." 하고 진저리칠 것이다. 혹은 참고 버틴 데 대한 반동으로 모든 의욕이 사라져서 공부하지도, 신나게 놀지도 못하고 멍하니 세월만 흘려보낼 수도 있다.

사회에 나가서도 문제다. A군은 사회인이 되어서도 스스로에게 힘든 노력을 강요할 가능성이 크다. "그 어려운 입시도 이겨냈는데, 아무리 힘든 일이 닥쳐도 열심히 노력하면 이겨낼 수 있어."라며 자기 자신에게 또다시 고된 노력을 강요하리라.

힘든 노력은 결실을 맺든 맺지 못하든 바람직한 결과를 끌어내지 못한다. 고생은 고생의 씨앗일 뿐이다. 이 씨가 자라서 열매를 맺으면 계속해서 힘든 노력을 반복해야 하고, 열매를 맺지 못하면 자기 자신을 비하하고 부정하게 된다.

• POINT •

힘든 노력은 결실을 맺든 맺지 못하든 바람직한 결과를 끌어내지 못한다.

'편하게' 노력한 사람은
다음 과제에 '신나게' 도전한다

수험생 B군은 9시간이나 자고도 도쿄대에 합격했다. 앞서 언급한 A군과 어떤 차이가 있을까?

어쩌면 당신은 '수험생 B군은 원래 머리가 좋은가 보지.' 하고 생각할 수도 있다. 하지만 나는 '타고난 머리', 이른바 높은 지능 지수(IQ)만으로 대학 입시에 성공할 수 있다고는 생각하지 않는다. 타고난 지능이 높아도 이를 활용하지 못하는 사람이 많다.

A군과 B군의 결과 차이는 지능 지수가 아니라 공부법에서 온 것이다. B군은 스스로 찾아냈든 누군가에게 배웠든 간에

자신의 능력에 맞는 공부법을 실행했기에 9시간을 자고도 원하는 대학에 합격한 것이다.

"에이, 아무리 그래도 머리가 좋으니까 합격했겠지."라며 수긍하지 못하는 사람이 있을 수도 있으니 조금 더 설명해보겠다.

만약 지능과 학력이 비례한다면 시골 고등학교나 도시 고등학교나 명문대에 진학하는 학생 수에 큰 차이가 없어야 한다. 하지만 현실에서는 도시 고등학교의 명문대 진학률이 압도적으로 높다.

이는 합격하는 데 필요한 노하우가 도시 고등학교에 더 많이 축적되어 있어서다. 어떤 공부를 어떻게 하면 명문대에 합격할 수 있는지를, 도시 고등학교의 교사와 학생이 시골 고등학교의 교사와 학생보다 더 많이 알고 있어서다.

9시간씩 자면서 합격한 B군은 요령, 즉 편한 공부법을 알고 있었다고 봐야 한다. B군에게는 수험생활이 끔찍하게 괴로운 기억으로 남아 있지 않다. 그래서 대학에 들어가서도, 사회에 나와서도, 어려운 과제에 직면하거나 어떤 자격증에 도전할 때 '참고 열심히 노력하는 수밖에 없어.'라는 생각 따위 하지 않는다.

요령의 효과를 경험한 사람은 해결해야 할 과제를 만났을 때 "이번에도 틀림없이 편하게 헤쳐나갈 방법이 있을 거야." 하고 여유 있게 대처할 것이다.

노력하라,
배신당할 것이다

앞에서 '생활의 지혜'에 대해 언급했다. 비슷한 의미로 요령, 노하우, 꿀팁 등의 말도 있다. 모두 기존보다 편하고 효율적인 방법을 궁리해야 얻을 수 있다.

'편하고 쉬운 방법'은 궁리하지 않으면 떠올릴 수 없고, 떠올렸더라도 시도해보지 않으면 정말로 편한지 알 수 없다. 생각하고 시도하고, 안 되면 다른 방법을 생각해서 또 시도하고…. 편리함의 궁리는 이 과정의 반복이다.

'참고 노력하기'는 어떨까? 아무리 힘들어도 참고 버티면 언젠가는 잘될 거라는 사고방식은 어떤 결과를 가져올까?

이런 사고방식은 좀 위험하다. 익숙해지면 참고 버티는 것이 편해지는 탓이다. 그러면 다른 시각으로 사고해보지도, 새로운 시도를 해보지도 않게 된다. 자신에게 주어진 일, 해야 하는 공부 등을 노력과 인내로만 이겨내려 한다. 당연히 다른 생각을 할 틈도 새로운 시도를 할 여유도 없다.

온 국민이 경제 발전에 힘쓰던 시기에는 동기부여를 위해 결과보다 과정을 중시하는 경향이 강했다. 그 영향이 지금까지 이어져서 실제로 많은 사람이 '중요한 것은 노력이다. 결과는 저절로 따라온다.'라고 생각한다. 심지어 '결과가 나오지 않아도 노력 자체가 중요하다.'라고 생각하는 사람도 있다. 이 생각이 얼마나 깊게 뿌리 박혀 있는지, 그런 사람들은 노력만 인정받을 수 있다면 결과야 어찌되든 신경 쓰지 않는다.

'결과는 저절로 따라온다.'라는 사고방식을 가지고 있으면 노력에 초점이 맞춰지게 된다. 그러면 설령 좋은 결과가 나오지 않더라도 언젠가는 그 노력이 결실을 맺을 거라고 착각하게 된다.

"이번에는 결과가 안 좋았지만, 자네의 노력은 결코 헛되지 않을 걸세."

내 꿈은 놀면서 사는 것

이런 위로는 좋은 결과를 내지 못한 사람에게 노력했다는 이유만으로 건네는 면죄부와 같다. 노력만으로 점수를 딸 수 있다면, 누군가는 궁리하고 시도하기보다 그냥 버티는 쪽을 선택하게 되리라.

궁리하고 시도해야 지금보다 더 나아질 수 있다. 물론 궁리하고 시도하다 실패해서 지금보다 안 좋아질 수도 있다. 설령 그렇더라도 곧바로 궁리하고 시도하면 된다. 하지만 그냥 참고 버티는 쪽을 선택하면 더 나아지지 못한 채 언제까지고 힘든 일을 억지로 해야 하는 삶을 살 수밖에 없다.

· POINT ·

노력에 초점이 맞춰지면 결과가 좋지 않을 때 언젠가는 그 노력이 결실을 맺을 거라고 착각하게 된다.

지금보다 편해질 방법은
반드시 있다

'편한 방법'을 궁리하면 나만의 자유로운 삶을 살 수 있다. 그
야말로 '마이 페이스'대로 신나게 말이다. 이를 위해서는 어
떤 일을 만나든 기존의 방법을 그냥 묵묵히 따라 하기보다
'더 좋은 방법은 없을까?' 하고 항상 고민해야 한다. 편한 방
법을 궁리하면 뇌에도 기분 좋은 자극이 가해진다.

　"일이니까 당연히 해야겠지만, 생략하고 건너뛴다면 어떻
게 될까? 생략한다면 무슨 일이 벌어질까?"

　이와 같이 때로는 '아예 안 하는 방법'도 고려해볼 수 있다.
하지 않는 것만큼 편한 방법은 없다. 이런저런 궁리를 하다

가 정말로 생략해도 되는 일임을 알게 되었다면? 당신은 쾌재를 부르며 가장 편한 방법을 누리면 된다.

'하지 않아도 되는 일'이란 게 정말 있나 싶어 내 말이 조금 극단적으로 여겨질지도 모르겠다. 하지만 비즈니스 상황을 떠올려 봐도 불필요한 과정 생략으로 작업능률이 높아지는 경우는 비일비재하다.

예를 들어 세밀하게 자료를 조사해서 그 자료를 바탕으로 추론을 세워 실행에 옮긴다고 해보자. 가장 번거로운 자료 조사 부분을 건너뛰고 추론 단계로 바로 넘어가는 방법이 있다. 우연이니 태만이니 말은 많겠지만, 어쨌든 결과가 좋으면 주위 사람들은 그 이상의 불평을 하지 못한다.

실제로 과학 분야에서는 직관적인 추론으로 놀라운 발견을 한 사례가 아주 많다. 거창한 과학 증명까지는 아니더라도 '이 작업은 누군가에게 맡겨도 되지 않을까?' 하는 정도의 궁리는 누구나 할 수 있다. 컴퓨터의 소프트웨어를 활용하는 방법도 있고, 다양한 서비스를 제공하는 웹사이트를 이용하는 방법도 있다. 수험생이라면 점수가 안 나오는 특정 과목의 점수를 보지 않는 대학을 찾아볼 수도 있다.

조금만 눈을 돌리면 조금 더 편해질 수 있는 방법을 어렵지 않게 찾아낼 수 있다. 우리는 온갖 분야에서 '더 편한 방법'이 끊임없이 실용화되는 사회를 살고 있다. 관건은 찾아보느냐 찾아보지 않느냐.

참고 노력하는 삶에 쉽게 수긍하지 말자. 편한 방법을 궁리하면 편해지는 길이 눈앞에 보일 것이다. 자신이 해야 할 일을 처음부터 다시 살펴보자. 틀림없이 더 편한 방법을 찾아낼 수 있다.

내 꿈은 놀면서 사는 것

편해질 궁리를 하는 사람은
성장도 빠르다

한 분야의 '장인'이라고 하면 높은 수준의 기술을 터득하기 위해 오랫동안 노력을 기울인 사람을 떠올리기 쉽다. 예전에는 정말 그랬을지도 모른다. 그 길에 들어서서 제일 밑바닥부터 고생고생하며 조금씩 기술을 연마해야 어엿한 장인이 될 수 있었으리라.

하지만 일손이 부족한 오늘날에는 그렇게 느리게 배워서는 현장의 요구를 따라가지 못한다. 그렇게 배워서 어느 세월에 돈을 벌겠는가. 반드시 밑바닥부터 배워야 한다는 규칙이 있는 직업이라면 젊은이에게 인기가 없을 것이다.

요즘에는 목수처럼 숙련된 기술을 요하는 장인의 나이가 점점 내려가고 있다. 20대 초반으로밖에 보이지 않는 앳된 목수가 현장을 진두지휘하기도 한다. 이런 일이 가능해진 까닭은 무엇일까?

공법과 도구가 발달한 덕도 있겠지만, '편안함'을 수용할 수 있는 체질로 그 분야의 흐름이 바뀐 덕이 더 크다. 고생을 참아내야 어엿한 기술자가 될 수 있다거나 참고 견디지 않으면 제대로 된 기술을 배울 수 없다고 굳게 믿던 분야의 사람들이 '이제는 시대가 바뀌었다.'라고 깨달음으로써 '편안함'에 대한 거부감을 버리고 더 쉽고 빠르게 장인을 양성하기 시작한 것이다.

일반 기업의 사정은 어떨까? 안타깝게도 일반 기업은 사정이 좀 다르다. 아무래도 수공업 장인들보다 생산성과 이익을 더 추구해서인지 예전에 비해 별반 나아진 바가 없다. 여전히 야근도 많고 회사에서 성과 압박도 심하다. 대기업의 경우는 더욱 그렇다.

중소기업의 상황도 크게 다르지 않다. 심한 경우 '현장 경험'으로 '보수'를 대체하며 '열정 페이'를 지급하는 회사도 있다. 예전에는 힘들고(Difficult), 더럽고(Dirty), 위험한(Dangerous)

일을 3D업종이라고 불렀는데, 요새는 빨리 퇴근하기 어려운 분야를 신종 3D업종이라고 부를 정도다. 어쩐지 갈수록 '편안함'을 배제하는 직장이 늘고 있다는 느낌이 든다.

• POINT •

'편안함'을 수용할 수 있는 체질로 바꾸면 쉽고 빠르게 기술자를 양성할 수 있다.

편안함을 추구하는 게
뭐가 나빠?

'편안함'을 배제하는 분위기의 직장에서 '편안한 방법'을 모색하기란 쉽지 않을 것이다. 하지만 그럴수록 더더욱 '편안한 방법'을 궁리해야 한다. 방식이야 어떻든 간에 어쨌든 결과를 내놓고, 제 몫을 해내는 사원을 회사는 함부로 자르지 못한다.

노력하면서 참는 것이 목표가 되어버리면 삶이 괴로워진다. 급료는 고통의 대가가 아니라 노동(혹은 성과)의 대가다. 조금 편하게 결과를 내놓았다고 해서 불평을 들을 이유는 없다.

도대체 '편안함'이 뭐가 그렇게 나쁜가? 가장 이상적인 인생은 놀면서 사는 인생이다. 일의 보람 따위 모르겠고, 놀 수만은 없어서, 먹고살려고 어쩔 수 없이 일하는 사람도 적지 않다. 그 과정에서 '편안함'을 추구하는 것이 뭐가 그렇게 나쁘단 말인가?

인간은 편안함을 추구하며 진화해왔고 앞으로도 그럴 것이다. 인공지능이 각 분야에 도입되면 우리는 지금보다 훨씬 더 편안한 삶을 살 수 있다. 세상은 이렇게 바뀌어가고 있는데 여전히 노력이나 고생에만 가치를 부여하고 있을 텐가?

이 편한 세상에서 '내가 지금 이렇게 쉬어도 되나?' 하고 끊임없이 자신을 채찍질하고, 주위 사람들이 편안함을 즐길 때에도 '어디 할 일 없나?' 하고 일감을 찾아다니고, '왜 다들 놀고만 있지?' 하고 안달복달하는 사람, 당신이 그런 사람이 아니길 바란다. 그런 사람이 되지 않으려면 '편안함'에 대한 죄의식부터 멀리 날려 보내야 한다.

· POINT ·
노력하면서 참는 것이 목표가 되어버리면 삶이 괴로워진다.

CHAPTER 3,

놀며 쉬며 가야
지치지 않고
원하는 대로
산다

체념이 반복되면
사는 게 재미없다

편안하게 사는 가장 쉬운 방법은 아무것도 바라지 않는 것이다. 지금 이대로가 좋다고 결론을 내면 무언가를 얻으려고 노력하거나 경쟁할 필요가 없어서 날마다 아주 한가롭게 지낼 수 있다.

그러나 이러한 태도는 자신의 삶을 체념하는 꼴과 같다. '이러하면 좋겠다.'라는 바람은 누구에게나 있다. 그런데 바라는 바를 억누르고 현재에 안주하는 삶이 과연 재미있을까? 나는 아니라고 본다.

체념해버리면 마음속 어딘가에서 자기 자신을 부정하게

된다. 또 못마땅한 현실을 그냥 받아들였다는 데 대한 실망감에 기운이 빠지게 된다. 종교인과 같이 상당한 깨달음을 얻은 사람이라면 몰라도, 체념하는 삶은 결코 즐겁지 않다.

사실 '이러하면 좋겠다.' 하는 바람의 너머에는 '진정으로 편한 삶'이 있다. 예컨대 따기 어려운 자격증을 획득한 사람은 그 자격증을 활용해서 좀 더 쉽게 수입을 늘릴 수도 있고, 여차했을 때 회사를 관두고 독립할 수도 있다. 원하는 일을 하면서 밥을 먹을 수 있다면 이보다 편한 삶은 없으리라.

날씬해지고 싶다는 바람도 마찬가지다. 이 바람을 이루면 옷도 마음대로 입을 수 있고, 건강도 좋아지고, 무엇보다도 자기 자신에게 자신감을 가질 수 있다. 이것만으로도 지금보다 편한 마음으로 살 수 있다.

편안하게 살고 싶다면 현실에 안주하기보다 '이러하면 좋겠다.' 하는 바람을 실현하는 편이 좋다. 완전히 실현하지는 못하더라도 바라는 목표에 다가갈수록 기분이 더 좋아질 것이다.

편안한 삶이란 쾌활한 삶이다. 끙끙거리지 않고 활기차게 나아가는 삶이 편안한 삶이다. 자신의 바람을 체념해버리면 이런 삶을 누릴 수 없다.

그런데 사람들이 한 가지 착각하는 것이 있다. 사람들은 이루고자 하는 바람 앞에는 반드시 벽이 존재하고, 그 벽은 쉽게 넘을 수 없는 것이라고 여긴다. 그래서 어떤 바람을 이루고자 할 때면 항상 힘들게 애쓸 각오부터 다진다.

편안함 앞에 고통이 도사리고 있다? 이는 잘못된 생각이다. 당신이 생각하는 그 벽은 아주 가뿐히 넘어설 수 있다.

오늘 또 결심이 무너진
이유

누구든 좌절했던 경험이 있으리라. 대단한 좌절을 말하는 것이 아니다. 무언가를 하려고 마음먹었다가 도중에 그만두는 정도의 좌절 말이다.

다이어트가 대표적이다. 아마 많은 여성이 고개를 끄덕이리라. 남성이라고 다를까? 쓴웃음을 짓는 남성도 꽤 있을 것이다. 새로운 취미를 시작하고, 무언가를 배우러 학원에 다니기 시작하고, 영어 공부를 다시 시작하고, 운동을 새롭게 시작하고…. 무언가를 시작하기는 했지만 끝까지 완수하지 못하고 흐지부지하게 그만둔 경험은 누구나 한 번쯤 해봤을 것이다.

특히 자신과의 약속이 그렇다. "일주일에 책을 3권은 읽어야지.", "한 해에 한 번은 꼭 해외여행을 갈 거야.", "술은 금요일에만 마셔야지.", "주말만이라도 직접 음식을 만들어 먹자."…. 처음 마음먹을 때는 어려워 보이지 않았던 일이었을 것이다. 그런데도 끝까지 자기 자신과의 약속을 지키는 사람은 드물다.

아니, 더 정확하게 말하면 결심했다는 사실을 그냥 잊어버리는 경우가 더 많다. 쭉 잊고 지내다가 문득 '그러고 보니 그런 결심을 한 적도 있었구나.' 하고 생각해내고는 싱숭생숭해한다. 왜 그 결심을 유지하지 못할까? 내가 생각하는 이유는 두 가지다.

첫째는 즐겁지 않아서다. 다이어트를 결심하지만 달달한 음식을 끊거나 기름진 음식을 끊는 건 아주 괴로운 일이다. 안 먹어야겠다고 생각할수록 어떤 일을 계기로 "오늘 하루 정도는 괜찮지 않을까?" 하는 빈틈이 생기고, "역시 맛있어."라고 좋아하는 그 순간 "조금 찌면 어때."라는 태세전환이 이루어진다. 다이어트를 단념하기로 선택한 게 아니다. 맛을 우선시하기로, 즉 즐거움을 선택한 것이다.

둘째는 논리만 내세워서다. 독서가 좋은 예다. "살면서 바보처럼 책 한 권도 읽지 않으면 안 된다.", "지식과 정보가 부족한 인간은 뒤처진다."와 같은 논리로 책을 읽기로 결심한다. 하지만 그럴싸한 논리만으로 평소 좋아하지도 않는 책을 읽는 것은 괴로운 일이다. 아무리 논리에 수긍하더라도 편치 않은 고행길이라면 유지하기 어렵다.

· POINT ·

그럴싸한 논리여도 즐겁지 않으면 결심을 유지하기 어렵다.

의지가 부족해서
실패했다?

결심이 무너졌다고 하면 아마 많은 사람이 "끝까지 실행하지 못한 건 의지가 약해서다."라고 이유를 찾을 것이다. 이런 이유를 대는 사람들이 자신의 결심을 잘 지키느냐 하면 그렇지도 않다. 결심하고 좌절하고 또 결심하고 좌절하기를 반복하면서 '나는 정말 의지가 약한 인간이구나.' 하고 책망할 뿐이다.

'의지는 노력과 근성과 결을 같이한다.', '결심의 지속 여부가 의지에 달려 있다.' 하고 단정해버리면 제아무리 어렵고 힘든 목표라도 의지만 강하면 유지할 수 있다고 믿게 된다.

가령 "일주일에 5킬로그램을 빼야지.", "일 년에 1,000권의 책을 읽어야지.", "새벽에 일찍 일어나서 1시간 조깅하고 출근해야지.", "퇴근하고 날마다 3시간씩 공부해야지."와 같은 매우 힘든 과제도 의지만 있으면 해낼 수 있다고 생각하게 된다.

하지만 과한 목표인 경우 그 결심을 끝까지 지키는 게 쉽지 않다. 혹여 도중에 실패하게 되면 자신의 약한 의지에 실망하게 된다. 그런 경험이 반복되면 '내가 그렇지, 뭐.' 하고 자신을 책망하기 시작한다.

한편, 의지와 관련해서 정반대의 생각을 가진 사람도 있다. 이들은 "결심해봐야 어차피 못할 텐데, 뭐."라며 처음부터 단념해버린다. '나는 나를 잘 알아. 어차피 얼마 못하고 포기할 거야.'라고 생각하는 것이다.

이런 사고방식을 가지고 있으면 마음 불편할 일도 없고 자기 자신을 책망할 일도 없다. 하지만 처음부터 단념하는 사람은 아무것도 해내지 못한다. 진심으로 무언가를 계속해보겠다는 마음조차 갖지 못한다.

의지를 불태우며 노력하다가 실패하면 자신을 책망하게 되고, 또 반대로 어차피 의지가 약하다고 처음부터 단념하

075
CHAPTER 3. 놀며 쉬며 가야 지치지 않고 원하는 대로 산다

면 도전할 기회조차 갖지 못한다. 즉 결심이 무너진 이유를 의지의 문제로 치부해버리면 어느 쪽이든 악순환에 빠지고 만다.

힘들면 그때그때
목표치를 낮춘다

즐겁지 않아서든 논리만 내세워서든 결심을 유지하지 못하는 이유는 하나로 압축된다. 힘들기 때문이다.

"힘들어도 참고 견디는 사람만이 자신의 바람을 이룰 수 있다."라고 말하는 사람도 있지만, 나는 그 말이 어떤 의도를 가지고 하는 거짓말이라고 생각한다. 직장 상사가 이렇게 말했다면 회사에 대한 충성심을 심어주려는 것에 불과하고, 학교 선생님이 이렇게 말했다면 노력에만 가치를 부여하는 억지에 불과하다.

다이어트든 공부든 어떤 새로운 일에 도전하기로 했다면

'하지 않는 것보다 낫다.'라는 마음으로 힘들지 않을 방법을 찾아야 한다. 편하게 할 수 있어야 의욕이 생긴다. 편하게 의욕을 지속한 사람만이 자신의 바람을 이룰 수 있다. 지치지 않고 목표에 다가갈 수 있다.

좀 더 구체적으로 말하자면, 어떤 결심을 실행하는 과정에서 힘들다는 생각이 들면 그 즉시 양을 줄여야 한다. 시간을 줄이거나 자신에게 부여한 하루 할당량 혹은 최종 목표 수치를 줄여야 한다.

가령 1주일에 3권의 책을 읽기로 했는데 지키기 어렵다면 1권으로 줄이면 된다. 다이어트를 결심했는데 당분을 완전히 끊기 어렵다면 아침에만 먹기로 규칙을 완화하면 된다.

'그런 식으로 물러서면 결국 아무것도 못해.'라는 생각도 버리자. 본래의 목적만 잊지 않으면 된다. 독서의 목적은 지적인 충실감을 맛보는 것이고, 다이어트의 목적은 지금보다 건강한 몸을 만드는 것이다. 본래의 목적만 잊지 않으면 과정을 좀 느슨하게 조정해도 결코 망하지 않는다.

편안함에 저항감이 있는 사람은 계획 수정이나 의지가 약해 보이는 방법으로 바꾸는 것을 꺼릴 수도 있다. 자기 자신과 타협했다며 몸서리칠지도 모른다.

그러나 힘든 일을 반복하면 스트레스만 쌓여서 결국 몸과 마음에 악영향을 끼치게 된다. '편하게 계속 결심 유지하기'는 자기 자신을 보호하면서 목적에 다가가는 아주 자연스러운 방법이다.

· POINT ·

본래의 목적만 잊지 않으면 과정을 좀 느슨하게 조정해도 결코 망하지 않는다.

항상 '더 편한 방법'을 선택한다

힘든 일을 참고 견디면 어느 순간 툭 부러진다. 무리해서 버티면 "이제 더는 못하겠다." 싶은 순간이 찾아오고, "오늘만 쉬고 내일부터 힘내자." 하고 하루를 쉬면 그것이 이틀이 되고 사흘로 늘어난다. 다시 힘을 내더라도 중간에 쉬었다는 생각에 찜찜함을 털어낼 길이 없고, 잠시 쉬었을 때의 달콤함이 생각나 다시 주저앉게 된다.

이런 일을 막으려면 힘들다는 생각이 들자마자 더 편한 방법으로 바꾸어야 한다. 힘들어도 계속해야 한다는 생각은 멀리 던져버리자. 무언가를 계속하기로 마음먹었다면 '참고 견디기'보다 '편안함'을 앞세워야 스트레스를 받지 않는다. 처음부터 편안함을 추구하면 강한 의지도 필요 없다.

어떤 목표를 세우고 이를 실행해나갈 때 사람들은 흔히 '계속하기'에 중점을 둔다. 그런데 '계속하기'에 중점을 두면 어느 순간 이것이 '목표'가 되어 아무리 힘들어도 관둘 수가 없게 된다. 본래의 목적은 잊고 참고 견디는 것만 생각하다가 툭 부러져버리는 것이다.

처음부터 '편안함'을 고려해 방법을 찾으면 본래의 목적을 유지할 수 있다. 지금보다 건강해지기 위해서 다이어트를 시작했다면 먹는 양을 줄이는 데만 신경 쓰지 말고 산책 코스를 늘리는 편이 낫다. 무조건 달고 기름진 음식을 제한하기보다 활동량을 늘리는 편이 바람직하다. 방법이 고되지 않으면 꾸준히 할 수 있고, 꾸준히 하면 목표에 도달할 수 있다. 목표를 달성하지 못하더라도 가령 '체중을 줄이겠다고 마음먹으면 정말로 줄일 수 있구나.' 하고 자신감이 생긴다.

· POINT ·
처음부터 '편안함'을 추구하면 강한 의지도 필요 없다.

요령 있는 사람은
도전이 두렵지 않다

대부분의 사람은 처음부터 '편안함'을 생각하는 데 거부감을 느낀다. 그런 사고방식이 된 게 어찌 보면 당연하다. 학교에서나 직장에서나 "우선 편한 방법을 찾아보자."라고 가르쳐 주지 않기 때문이다.

오히려 편한 방법을 궁리하면 "농땡이 치지 마라."라는 소리를 듣기 십상이다. 이 말을 백번 양보해서 좋은 쪽으로 해석하면 "편안함은 고생한 뒤에 생각해도 된다." 정도로 볼 수 있다. 눈앞에 주어진 목표와 문제에 정면으로 부딪쳐서 그 고통을 뛰어넘어야 자신감이 붙는다는 뜻이다. 그 논리는 이렇다.

처음부터 편안함을 생각하면 난관이나 어려운 문제가 닥쳤을 때 도망갈 길부터 찾을지도 모른다. 은근슬쩍 목표를 낮춘다거나 자기 자신에게 느슨해질 우려도 있다. 힘들어도 참고 이겨내야 목표를 빨리 달성할 수 있을 것이다. 그래야 "하면 된다."라는 자신감이 붙을 테고, 그래야 목표 달성이 빨라질 테고, 그래야 "앞으로도 열심히 하면 무엇이든 할 수 있다."라는 확신이 서게 될 테다.

그러나 이 논리에는 한 가지가 결여되어 있다. 바로 '머리'이다. 목표 달성하는 과정에서 도대체 머리는 언제 쓴단 말인가? 힘들어도 참고 견디는 데에는 머리 쓸 일이 없다. 그냥 열심히 버티면 된다.

반면 편한 방법을 생각하자는 말에는 머리를 써서 목표 달성을 꾀하자는 뜻이 담겨 있다. 사실 이것이 가장 인간다운 해법이다.

불가능해 보이는 일이 닥친다면 어쩔 텐가? 노력이나 근성에만 의지하는 사람은 불가능해 보이는 일에 도전할 수 있을까?

하면 된다는 생각으로 노력과 근성에만 의지하는 사람은

'해봐야 안 될 것 같은 일'에는 쉽게 도전하지 못한다. 하지만 편한 방법을 모색하는 습관이 있으면 불가능해 보이는 목표 앞에서도 실현할 방법을 찾아낸다.

• POINT •

노력과 근성에만 의지하는 사람은 '해봐야 안 될 것 같은 일'에는 쉽게 도전하지 못한다.

'쉽고 편하게'
노력하라

편한 방법을 찾아보라고 가르쳐주는 곳은 없다. 하지만 다행히도 시대가 달라져서 예전보다는 과학적이고 합리적인 방법이 많이 도입되고 있다.

특히 스포츠 분야에서는 뛰어난 지도자일수록 훈련 방법에 공을 들인다. 한때는 훈련 중에 수분 섭취를 금하는 지도자가 많았다. 뙤약볕 아래에서 훈련하면서 물도 마시지 못하게 하는 것은 근성을 떠나서 아주 위험한 지도 방법이다. 그럼에도 이런 훈련 방법이 버젓이 통용되었던 이유는 '선수는 편하면 안 된다.'라는 생각이 만연했기 때문이다.

지금 이런 지도자가 없지는 않겠지만, 그보다는 어떻게 하면 효율적으로 성과를 낼지 궁리하는 지도자가 더 많다. 지도자가 제시하는 효율적인 방법을 수긍하면, 선수는 목표 유지도, 목표 달성을 위한 훈련도 어렵지 않게 해낸다. 편한 방법을 먼저 생각해내면 그다음의 노력이 편해진다.

일본의 전국 고등학교 야구 선수권 대회를 보면 결승전에 이따금 지방 학교가 올라오기도 한다. 그중에는 정규 선수로 활약하면서도 대학 입시를 치러 명문대에 들어가는 학생도 있다. 이와 관련된 기사를 읽고 나는 몇 가지 공통점을 발견했다. 다른 학교에 비해 야구부의 연습 시간이 짧다는 점, 선수들이 직접 연습 방법을 고안했다는 점이다. 짧은 시간에 원하는 방법대로 할 수 있는 연습이라면 그 노력이 결코 고통스럽지 않았을 것이다.

나는 이러한 노력을 '편한 노력'이라고 부른다. '힘드니까 노력'이라고 생각하는 사람은 편한 노력을 '뜨뜻미지근한 노력'이라고 치부할 것이다. 하지만 나는 '편한 노력'이 분명 있다고 생각한다.

편하게 노력할 수 있는 방법을 생각해낼 줄 아는 사람은 아무리 큰 목표라고 해도 반드시 실현할 수 있다. 목표를 향해 나아갈 때 포기하거나 도망치지 않기 위해서라도 당신은 편한 방법을 자꾸 궁리하는 습관을 들여야 한다.

편한 방법을 먼저 생각해내면 그다음의 노력이 편해진다.

CHAPTER 3. 놀며 쉬며 가야 지치지 않고 원하는 대로 산다

마이 페이스대로
유연하게

"뭐든 오래 지속해본 적이 없어요."라고 말하는 사람도 잘 생각해보면 오랫동안 지속한 경험이나 지금껏 계속해오고 있는 일이 분명 있으리라. 어쩌면 이미 습관이 되어 자신의 '지속력'을 인지하지 못한 것일 수도 있다.

몇 번이고 중단하기는 하지만 시간이 지나면 다시 시작하는 일도 있다. 영어 공부가 특히 그렇다. 열심히 배우려고 라디오 강좌를 듣기 시작하지만 한 달을 넘기지 못하고, 반년 뒤에 다시 도전하려고 학원을 끊지만 이번에는 석 달을 넘기지 못하고…. 아마 많은 이가 경험해보았으리라.

그런데 한 1년쯤 완전히 손놓고 지내다가 다시 영어 공부가 하고 싶어졌다고 해보자. 이번에는 언제 얼마만큼 공부하겠다는 계획 없이 책 한 권을 사서 마음이 내킬 때 원하는 만큼 공부하기로 했다. 어떤 결과가 나올까? 의외로 꽤 오랫동안 영어 공부를 지속하게 될 것이다.

사람들은 흔히 규칙적으로 강제해야만 오래 지속할 수 있다고 믿는다. 하지만 정말로 오래 지속하려면 자기만의 속도로 나아가야 한다. '오늘은 이것을 공부하고, 내일은 저것을 공부해야 한다.'라는 규칙은 오히려 부담으로 작용해 공부를 방해한다.

무언가를 오래 유지하고 싶다면 좋은 동료를 찾는 것도 좋은 방법이다. 춤에 아무런 흥미가 없던 사람이 친구 따라 재즈 댄스를 배우러 갔다가 사람들 만나는 재미에 빠져 꾸준히 춤을 배우러 나가는 경우가 그렇다. 여럿이 함께하면 무언가를 지속하기가 훨씬 쉬워진다. 마음이 맞는 동료를 만나면 특히 더 그렇다.

'자신의 속도에 맞춰서 배우기'와 '좋은 동료 만나기'는 긴장이 풀리고 안심이 된다는 공통점이 있다. 지속하기 어려워 보이는 일을 만나면 긴장이 풀리고 안심이 되는 방법을 생각해보자. 마음이 편안해지면 당신이 생각하는 것 이상으로 오래 지속할 수 있다.

나의 편안함을 지키는 것이
진정한 자기 관리

긴장이 풀리고 안심이 되는 방법은 어렵지 않게 찾을 수 있
다. 자기 나름으로 '이렇게 하면 좀 편하겠다.' 싶은 방법이면
다 좋다. 하루 할당량을 줄여도 좋고, 한 달 계획을 여유 있게
짜는 방법도 좋다. 자신이 편할 수 있는 방법이면 다 괜찮다.

"무슨 소리야? 힘들어도 하기로 마음먹은 할당량은 지켜
야지. 그래서 언제 목표를 달성하겠어?"라며 반기를 드는 사
람도 있으리라. 결심이 무너지는 이유로 의지 부족을 대는
사람이 있다고 앞에서 언급했다. 또 다른 이유로 '자기 관리'
부족을 대기도 한다.

'자기 관리'라는 말은 종종 편하게 살고 싶은 사람들의 행동을 가로막는다. 정해진 일을 실행하지 못하거나 도중에 내팽개치는, 이른바 '편히 쉬려는 태도'를 취하는 사람들을 두고 자기 관리를 할 줄 모른다고 손가락질을 하는 것이다.

하지만 나는 진정한 자기 관리란 무리하지 않는 것이라고 생각한다. 즉 자신의 몸과 마음을 소중히 여기고 스트레스가 쌓이지 않도록 유지하는 것이 진정한 자기 관리가 아닐까. 계획을 실현하려고 '편안함'을 경계하며 계속해서 할당량을 부여하는 것은 자신을 압박하는 행동에 지나지 않는다.

직장에서 한창 바쁜 시기에 몸이 안 좋아지면 자기 관리 능력 부족을 의심받는다. "이런 시기일수록 피곤하지 않게 잠을 잘 자야 해.", "밤을 새다니, 자기 관리를 할 줄 모르는군." 등의 야단을 듣기도 한다.

어디 몸 상태만 그런가? 일에 대한 의욕이나 시간 관리도 자기 관리에 들어간다. 사람들은 근면한 데다 건강까지 챙기는 사람을 보면 자기 관리 능력이 뛰어난 사람이라고 칭찬한다.

드라마 주인공이라면 그럴 수도 있겠지만 현실은 다르다. 죽어라 일만 하다가 몸이 안 좋아져서 쓰러지거나 눈치껏 적당히 일하면서 자기 몸을 챙기거나, 둘 중 하나다.

직장에서 일하는 것 하나만으로도 이러한데, 취미 생활이나 자격증 준비 등 일하면서 다른 무언가를 병행한다면 어떻게 될까? 무엇이든 열심히 해야 한다는 생각에 처음에는 힘을 내겠지만, 이내 '역시 힘들어서 안 되겠어.' 하고 단념하게 되리라. 직장을 포기할 수는 없으니 새로운 도전을 포기하게 될 것이다.

편안한 마음으로 할 수 있는 방법을 궁리할 줄 아는 사람이라면 어떨까? 새로운 도전을 포기할 일이 없다. 목표 달성에는 시간이 좀 걸리겠지만, '잊지 않고 계속하기만 하면 돼.'라고 생각할 줄 아는 사람은 목표를 잃을 일이 없다. 근면보다 컨디션을 우선시하는 사람이 더 꾸준하게 나아갈 수 있다.

· POINT ·

편안한 마음으로 할 수 있는 방법을 궁리할 줄 아는 사람은 새로운 도전을 포기할 일이 없다.

포기보다
꾸준한 작심삼일이 낫다

새로운 도전은 아주 신나는 일이다. '그래, 해보자!'라는 생각이 들었을 때의 흥분, 목표를 달성했을 때의 뿌듯함을 떠올려보면 도전 자체는 즐거운 일이 아닐 수 없다. 그러나 대개는 흥분도 잠시, 그 도전을 이어나가기가 힘들어진다. 계획은 조금씩 틀어지고, 틀어진 계획을 만회하려고 무리하다가 그 반동으로 또 계획이 틀어진다.

원래 생각했던 계획에서 조금씩 어긋나다가 더는 만회할 수 없는 지경에 이르면 "못하겠다."라며 아예 손을 들게 된다. 이런 일이 되풀이되면 괴로움도 커진다.

실제로 내가 진행하는 인터넷 강의의 수강을 완료하는 학생 수를 생각해봐도 결심을 유지하기가 어렵다는 걸 알 수 있다. 꾸준히 강의를 듣다가도 어떤 일(학교 행사, 질병 등)을 계기로 본인만 진도가 늦어지면 그냥 관둬버리는 사람이 많다.

하지만 늦어져도 전진은 전진이다. 본래의 계획보다 달성 예상일이 늦어질 뿐 목표에서 멀어진 것은 아니다. 아무리 늦어져도 포기하지 않고 계속 나아가면 목표에 다가갈 수 있다.

작심삼일이라는 말도 그렇다. 사흘 만에 관두면 그걸로 끝이지만 마음을 다잡고 다시 이어가면 전진이다. 작심삼일을 반복하기만 해도 착실하게 앞으로 나아갈 수 있다.

무언가를 계속하기 위해 편한 방법을 찾을 때에는 좀 늦어져도 전진하는 것이 낫다는 생각을 해야 한다. 중단하는 것 역시 일시정지이지 후퇴가 아니다.

무엇을 향해 나아갈 때 곧은 대로를 한 번에 쭉 달려서 목표를 이루는 사람은 없다. 꿈을 실현한 사람 중에는 잠시 중단했다거나 몇 번이고 포기했다며 쓴웃음을 짓는 이가 한둘이 아니다.

중단하든 일시적으로 포기하든, 조금씩 전진하기만 하면 마지막에는 목표에 도달할 수 있다. 좀 편하게 생각하자. 꼭 어떻게 해야 한다는 부담을 내려놓으면 전진할 수 있다.

· POINT ·

아무리 늦어져도 포기하지 않고 계속 나아가면 목표에 다가갈 수 있다.

꿈을 이루는 데
정해진 기한은 없다

스스로 힘든 삶을 강요하는 사람들은 기한을 짧게 잡는 경향이 있다. 일정도 아주 빡빡하게 잡는다. 예컨대 쉰 살까지 소설가로 등단해야겠다고 마음먹고 글을 썼으나 그때까지 이렇다 할 문학상을 하나도 타지 못했다면 "나는 재능이 없어." 하고 비관하는 식이다.

'편하게' 사는 사람은 다르다. "소설가는 정년 후에 시작해야겠다. 몸이 건강한 지금은 다양한 경험을 쌓기만 해도 충분해."라며 정년 후에 도전을 시작하더라도 기한을 설정하지 않는다. 문학상에 응모해서 좋은 결과를 얻지 못해도 '앞으로 조금씩 공부해야겠구나.' 하고 마음 편하게 자기 할 일을 한다.

'언제까지'라는 기한이 없으니 당황하거나 스트레스받을 일도 없다. 어학 공부도 그렇고 취미로 배우는 춤도 그렇다. 애초에 배우고 싶다는 마음에서 시작했을 터이니 '평생'을 기한으로 설정해도 좋으리라. 목표를 멀리 두면 즐길 시간이 늘어난다.

촉박한 기한을 없애면 '이러하면 좋겠다.'라는 바람을 방해하는 벽들이 싹 사라진다. 목표를 향해 나아가는 과정이 조금도 힘들지 않게 된다. 평생을 거쳐 이룬다는 생각으로 기한을 정하지 말고 원하는 바대로 나아가는 것이다.

그렇게 앞으로 나아가다가 5년이나 10년 정도의 간격으로 자신을 돌아보면 꽤 많이 전진해온 데 대해 놀라게 될 것이다. '쉬엄쉬엄했는데 벌써 여기까지 왔네?' 하고 말이다.

편히 산다는 건 그런 것이다. 인생의 긴 시간을 느긋한 마음으로 지켜볼 수 있으면 어떤 사람이든 지금보다 더 편히 살 수 있다.

나는 목표에 다가가는 기한을 너무 짧게 설정해서 중간에 실망하고 포기하는 사람을 보면 안타까운 마음이 든다. 목표를 조금 멀리에 두면 실현할 확률이 높아진다. 원하는 바를 포기하지 않고 손에 넣고 싶다면 편히 살아야 한다.

목표를 멀리 두면 즐길 시간이 늘어난다.

CHAPTER 4

불편한 사람은
끊어내고
**편한 사람은
깊이 사귄다**

어딜 가든
안 맞는 사람이 있음을 깨닫자

사람들의 고민 중 큰 비중을 차지하는 게 인간관계다. 인간관계는 정말 쉽지 않다. 상대방도 사람이라서 그 자체가 변수가 되어 아무리 궁리해도 생각대로 굴러가지 않을 때가 많다. 편해질 방법을 찾고 싶어도 계속 밀어붙이는 상대에게서 자신의 멘탈을 지키는 것이 고작일 것이다.

직장인의 고민 중 90%는 인간관계라고 해도 과언이 아니다. '일은 괜찮은데 인간관계에 지쳐서 회사를 관두고 싶다.'라고 생각하는 사람도 부지기수다. 만약 인간관계가 편하다면 고된 일을 하더라도 그렇게 힘들지 않으리라. 화기애애한 분위기에 웃음소리가 끊이지 않는 직장, 구성원 모두 밝은 기분으로 일할 수 있는 직장이라면 아침마다 출근길이 가벼울 것이다.

하지만 장담컨대, 모든 구성원이 인간관계에 만족하는 직장은 없다. 규모가 작은 회사라면 그만큼 관계가 깊어져서 상대방의 싫은 점까지 봐야 하고, 규모가 큰 회사라면 별의별 사람이 다 있어서 성격이 맞지 않는 사람이 그만큼 많아진다.

게다가 직장에서는 상사와 부하라는 관계도 늘 따라다닌다. 특히 이 관계에서 기인하는 고통이라면 100%의 확률로 일 자체가 힘들어진다. 인간관계가 괴로워서 일까지 힘들어지면 직장을 때려치우고 싶다는 마음이 뭉게뭉게 피어오른다.

어떻게 해야 편해질까? 어떻게 해야 인간관계로 고통받지 않을까? 우선은 이 관계가 영원하지 않음을 인지했으면 좋겠다.

직장에서 인간관계로 괴로워하는 사람은 '내가 사표를 쓰고 나가지 않는 한 이 관계는 끝나지 않겠구나.'라고 생각하기 쉽다. 하지만 그렇지 않다. 상대방이 다른 부서로 옮기거나 다른 회사로 떠날 수도 있고, 자기 자신이 파견 근무를 발령받을 수도 있다. 두 사람의 자리는 언젠가는 반드시 바뀐다. 그때까지만 잘 넘기면 된다. 4장에서는 인간관계에서 편해지는 요령을 중점적으로 다루어보겠다.

거북한 상대에게
휘둘리지 않는 법

인간관계로 괴로운 것은 모두 마찬가지다. 예컨대, 상사에게서 괴롭힘을 당하는 사람은 자기만 당한다고 여기기 쉽다. 부하 직원에게 마구 화풀이를 하는 상사는 그날 자신의 기분이 좋지 않으면 마음에 들지 않는 부하나 싫은 소리하기 만만한 부하를 골라서 분풀이를 해댄다. 이런 상사 때문에 고통받고 있다면 한번 이렇게 생각해보자.

당신이 있기 전에는 다른 부하 직원에게 퍼부었을 테고, 그 부하 직원 이전에는 또 다른 부하 직원에게 그랬을 것이다. 하필이면 이번 차례가 당신일 뿐이다. 당신만 당하는 것은 아니다.

어쨌든 이런 상황이 되풀이되면 휘둘리지 말아야 한다. 상대방의 거북한 말에 괴로워하면 상대의 뜻대로 움직이는 꼴밖에 되지 않는다. 그보다는 상대의 맥이 빠지도록 "그렇군요. 부장님은 역시 대단하시네요." 하고 의연한 반응을 보이거나 아예 "부장님! 말씀이 심하신 것 같습니다." 하고 제대로 반항해서 만만치 않은 부하임을 알리는 편이 낫다. 혹은 인사담당에게 지위를 이용한 '갑질'이라고 폭로해서 성가신 부하라는 인상을 남기는 방법도 있다.

내가 늘 하는 주장이지만, 자기 일을 제대로 해내면 회사는 당신을 함부로 자르지 못한다. 그리고 상사에게는 부하 직원을 내보낼 권한이 없다. 당신이 난폭한 언동만 보이지 않는다면 크게 문제되지 않는다. 상대에게 휘둘리지 말고 큰맘먹고 '액션'을 취해보자.

이러한 방법은 모든 인간관계에 공통으로 적용된다. 자기일을 잘 해내고 있다면, 설령 인정머리 없다는 소리를 듣는 한이 있어도, 냉정하다는 소리를 듣는 한이 있어도 상대에게 억지로 맞춰줄 필요가 없다.

성격이 안 맞는 사람에게 억지로 맞춰주며 사귀어봐야 피상적인 관계에 그칠 뿐이다. 더 솔직히 말하면, 상대방도 사무적인 관계 그 이상은 바라지 않을 것이다.

· POINT ·

상대방의 거북한 말에 괴로워하면 상대의 뜻대로 움직이는 꼴밖에 되지 않는다.

직장에서
'베프'가 꼭 필요한 것은 아니다

보통 직장인의 근무시간은 8시간이다. 하루의 삼분의 일을 직장에서 보내는 만큼 인간관계의 고민이 클 수밖에 없다. 아침부터 밤까지 휴일을 제외하고 날마다 얼굴을 맞대야 하니 대충 넘기려고 해도 말처럼 쉽지 않으리라. 그나마 다행은 일이 아니면 볼 사이가 아니라는 점이다.

직장에 나가보면 남을 험담하거나 소문 퍼뜨리기를 좋아하는 사람이 꼭 있다. 이런 행동은 업무와 전혀 관련이 없으니 당신이 싫다면 처리해야 할 일이 있다며 자리를 뜨면 된다.

남의 개성을 무리하게 인정할 필요도, 당신의 개성을 강요할 필요도 없다. 남의 시시콜콜한 이야기를 들어줄 이유도 없고, 하고 싶지 않다면 당신의 이야기를 할 필요도 없다.

성격이나 가치관에 따라 사람마다 업무 방식은 다르겠지만, 어쨌든 자기 일만 제대로 해내면 문제되지 않는다. 일을 내세우면 직장의 인간관계는 대부분 그냥 그렇게 해결된다.

그러나 인간관계로 고민하는 사람은 대개 이러한 행동을 협조성이 결여된 태도로 여긴다.

"직장은 일을 하는 곳이니까 당연히 일을 잘해야겠지요. 하지만 같은 부서나 팀에 있는 사람들과 어울리지 못하면 일을 원만하게 처리하기 어려워요."

이런 말을 하는 사람이 많다. 하지만 그런 생각으로 끼고 싶지 않은 잡담에 끼어들어 누군가의 한마디에 상처받을 거라면, 처음부터 "나는 협조성이 제로다." 하고 일을 중심으로만 관계를 맺는 편이 낫다. 목표를 향해 나아갈 때도 그렇지만, 인간관계에서도 무리하지 않는 편이 제일이다.

· POINT ·

뒷담화는 업무와 전혀 관련이 없으니 당신이 싫다면 처리해야 할 일이 있다며 자리를 뜨면 된다.

너무 힘들면
퇴직금을 계산해보라

우리는 왜 일을 할까? 먹고살기 위해서다. 그렇다면 마음에 들지 않는 직장에서 참고 버티는 이유는 무엇일까? 경력이 짧다면 자주 옮기면 이직할 때 좋지 않아서일 테고, 경력이 길다면 정사원으로 다시 취직하기가 어렵기 때문이리라. 좀 암울한 이야기지만 현실이 그렇다. 먹고살기 위해 어쩔 수 없이 힘든 나날을 버티고 있다면 다음 이야기를 참고해 보자.

공무원 B씨는 직장에서의 인간관계로 힘들어하다가 우울증 증세가 있는 듯해 정신의학과를 찾았다. 처음 방문한 터라 외래환자 접수처에 자신이 왜 왔고 어떤 증상이 있는지를 구체적으로 이야기했다. 그런데 담당 직원의 말이 놀라웠다.

"이제 5년밖에 남지 않으셨네요."

45세인 B씨는 정년까지 15년이나 남아서 막막해하던 참이었는데, 5년만 있으면 된다니 무슨 말인지 의아했다. 무슨 소리냐고 물었더니 직원은 이렇게 말했다.

"50세에 그만두어도 연금을 받을 수 있어요. 고등학교 졸업하고 바로 공무원이 되셨으니 50세면 30년이 되잖아요? 30년 근무하고 얼마나 연금을 받는지, 퇴직금은 얼마인지 한번 알아보세요."

B씨가 실제로 알아봤더니 충분하지는 않아도 어떻게든 먹고살 수 있는 금액이었다. 게다가 50세라면 작은 가게를 차리기에도 늦지 않고, 시간이 많이 뺏기지 않는 아르바이트 자리를 구할 수도 있을 터였다. B씨는 앞으로 5년만 있으면 지긋지긋한 인간관계에서 모두 해방된다는 생각에 마음이 아주 가벼워졌다.

인력난이 심해서인지 정년을 연장하거나 고령자를 재고용하자는 이야기가 많이 나온다. 인간은 편하게 살고 싶어

하는데 정부는 죽을 때까지 일해야 행복하다고 이야기한다.
편하게 살고 싶다면 이런 선전에 휘둘리지 말자.

탁 끊어버리는 게
답인 관계도 있다

우리가 머릿속으로 계속 유지해야 한다고 믿는 것들 중에는 그냥 탁 잘라내도 딱히 곤란하지 않은 일이 상당수 포함되어 있다. 숨 막히는 인간관계도 그렇다.

'미움받고 싶지 않다.', '이기적이라는 소리를 듣고 싶지 않다.'라는 이유로 괴로운 인간관계를 유지하는 것은 아무리 생각해도 이상하다. 그런 행동은 스스로 괴로운 삶을 선택하는 것이나 다름없다.

내가 특히 강조하고 싶은 것은 페이스북이나 트위터와 같은 SNS상에서의 관계다. 수많은 사람과 연결됨으로써 얻는 만족감과 안도감은 항상 그 사람들에게 자신을 맞추거나 그 사람들이 기뻐할 정보를 제공해야만 유지할 수 있다. 어딘가에 가거나 무언가를 먹을 때면 항상 스마트폰으로 사진을 찍어 올려야 하고, 누군가가 올린 사진에는 '좋아요!'를 반드시 눌러주어야 한다.

나는 사람들이 정말로 편하고 좋아서 이런 관계를 유지하고 있다고는 생각하지 않는다. 그저 그만두기가 불안해서 유지하는 것이라 본다.

한번 시험 삼아 끊어보라. 끊어서 삶이 불편해지는지, 아니면 이 관계를 유지해야 한다는 속박에서 해방되어 오히려 삶이 편해지는지, 시험 삼아 끊어보면 확실하게 알 수 있다.

'인간관계는 한 번 끊어지면 다시 되돌리기 어렵다.'라고 생각하는 사람도 있는데, 그렇지 않다. 서로 신뢰하는 관계는 5년이고 10년이고 소식을 주고받지 않아도 주소나 전화번호만 알면 그렇게 쉽게 끊어지지 않는다.

시험 삼아 끊어보라고 권했는데, 사실 SNS상에서의 관계는 탁 끊기 위해 어떤 행동을 하지 않아도 된다. 가만히 놔두면 저절로 멀어진다. 그렇게 놔두다 보면 "무슨 일 있어요?" 하고 신뢰할 수 있는 사람에게서 연락이 오기도 한다. 그러면 그때 "별일 없습니다. 언제 한번 만날까요?" 하고 편한 관계를 형성해나가면 된다.

서로 신뢰하는 관계는 5년이고 10년이고 소식을 주고받지 않아도 그렇게 쉽게 끊어지지 않는다.

잘하는 일부터 하고
못하는 일은 다른 팀원에게 넘겨라

우리는 학교에서 "친구가 소중하다.", "모두와 사이좋게 지내라."라고 배운다. 사회에 나오면 이번에는 "서로 도와야 한다."라며 협조성이 강조된다. 아무리 능력이 있어도 협조성이 없는 사람은 부서에 방해가 되고, 팀워크를 어지럽힌다고 생각한다.

사실 협조성을 중시하는 사고는 회사나 상사가 반복해서 강요하는 가르침이라기보다 일종의 자율 규제에 가깝다. "이기적으로 행동하면 안 돼.", "남에게 폐를 끼치면 안 돼." 하고 스스로 다그치는 것이다. 아마도 어려서부터 귀에 못이

박히도록 그런 쪽의 교육을 받은 탓이리라.

그렇다면 현실에서는 어떨까? 일도 제대로 하면서 편히 사는 직원은 협조성을 강조하는 사람이 아니라 이기적인 사람일 때가 더 많다. 이들은 자기가 잘할 수 있는 일은 척척 맡아서 해내고 잘 못하는 일은 뒤로 미룬다. 그러면 결국 누군가가 그 일을 대신하게 된다. 대신 해주는 사람은 "무책임한 인간 같으니." 하고 투덜거리지만, 사실 그 속내를 들여다보면 '나도 저럴 수 있으면 편할 텐데.' 하고 부러워하는 경우가 더 많다.

인간관계로 힘들어하는 사람은 '그렇게 이기적으로 일했다가는 상대방에게 미움을 사거나 원망을 듣게 될 거야.'라는 고정관념을 가지고 있다. 이는 좀 지나친 생각이다. 상대는 분노나 원망을 오래 품지 않을 것이다. 오히려 며칠 새 잊어버렸을 수 있다.

예를 들어, 약속한 기한까지 파트너가 일을 제대로 마무리하지 못했다고 해보자. "도대체 뭐하는 인간이야?" 하고 화가 나기는 한다. 상대방의 일을 대신 도와줘야 하는 상황에서 기분 좋을 사람은 없다. 하지만 그 파트너도 마냥 놀고 있지만은 않는다. 본인이 할 수 있는 일은 제대로 하고 있고,

설령 남에게 폐를 끼친다 해도 늘 있는 일은 아니다. 게다가 직장에서는 계속해서 처리해야 할 일이 밀려든다.

바쁘게 일하다 보면 누군가의 일을 대신 해주어서 좀 화가 났더라도 금세 잊게 된다. 협업하며 다들 바쁘게 일하고 있는데 이미 끝난 일을 꽁하게 붙들고 있는 사람은 그리 많지 않다. 똑같은 일을 당했을 때에나 '아, 그러고 보니 저번에도 그랬는데?' 하고 생각나는 정도다. 인간은 그 정도로 잘 잊는다.

이기적으로 행동하면 안 된다고, 남에게 폐를 끼치면 안 된다고 자기 자신을 너무 다그치지 않았으면 좋겠다.

· POINT ·

협업하며 바쁘게 일하는 직장에서 이미 끝난 일을 꽁하게 붙들고 있는 사람은 그리 많지 않다.

촌철살인과 모독의
경계선은 지킨다

인간관계를 편하게 생각하는 사람은 말도 쉽게 하는 것 같다. 상대방이 누구든 하고 싶은 말을 별 생각 없이 내뱉는 듯 보인다. 상사에게 아슬아슬한 농담을 던져서 주위 사람들을 조마조마하게 만들기도 하고, 모두가 망설이는 질문을 아무렇지도 않게 툭 던져서 주위 사람들을 깜짝 놀라게도 한다. '괜찮을까?' 싶은 행동도 본인은 전혀 신경 쓰지 않고 서슴없이 행동한다.

그런 모습을 보면 해맑다고 해야 할지, 미워할 수 없다고 해야 할지…. 사람들을 편하게 대하는 모습이 부럽기까지 하다. 하지만 하고 싶은 말이 있다고 그냥 내뱉기만 한다면 무신경한 인간이라는 소리를 듣게 되리라. 편하게 말하면서도 미움을 사지 않는다는 것은 그 사람 나름으로 지키는 선이 있다는 뜻이다. 그 선을 아는 것이 인간관계가 편해지는 비결이다.

독설로 인기인 연예인이 있다. 잘난 사람을 앞에 앉혀 놓고 아무렇지도 않게 놀려대는 것 같지만, 자세히 보면 상대방이 부담스러워하는 주제나 콤플렉스는 절대로 건드리지 않는다. 그 사람을 상처 입히는 말이나 모욕하는 말도 입에 담지 않는다.

직장에서도 그렇다. 말을 편하게 하는 듯이 보여도 그런 사람들은 학력에 콤플렉스가 있는 상사, 이른바 밑바닥에서부터 고생하며 올라온 상사에게는 출신학교 이야기를 꺼내지 않는다. 상사가 그 자리에서는 웃는 얼굴로 받아줘도 원한을 품을 가능성이 있기 때문이다.

말하자면 지뢰를 밟지 않는다는 그 나름의 규칙이 있다. 지뢰만 아니라면 무엇을 말해도 큰 문제가 되지 않는다. 무심코 상대방의 기분을 언짢게 했더라도 원한을 살 정도까지는 가지 않는다.

물론 인간이니까 저도 모르게 감정이 치솟기도 하겠지만, 상대방을 상처 입히는 말만큼은 절대로 하지 않겠다고 다짐해보자. 설령 흥분했더라도 이내 가라앉힐 수 있다.

· POINT ·

편하게 말하면서도 미움을 사지 않는다는 것은 그 사람 나름으로 지키는 선이 있다는 뜻이다.

∙ ∙ ∙

실수는 솔직하게 사과하고
용서는 상대의 몫으로 둔다

지뢰는 오히려 지나치게 신경 쓰는 사람이 더 자주 밟는다. '이런 말을 하면 싫어할까?', '이런 주제는 꺼릴까?' 하고 걱정을 많이 하는 사람은 이도저도 말하기가 어렵다. 그렇다고 가만히 있을 수도 없다. 억지로 입을 열기는 하는데, 머릿속에 생각이 많다 보니 저도 모르게 실언을 하고 만다. 신경을 많이 쓸수록 '큰일 났다!' 싶은 일이 더 자주 발생한다.

　평소의 잡담을 떠올려보자. 세 사람이 모이면 저마다 자기 말을 하느라 바쁘다. 이 얘기 했다가 저 얘기 했다가, 화제도 이리저리 통통 뛴다. 방금 전에 상대가 무엇을 말했는지는 그다지 중요하지 않다. 앞의 화제는 바로 잊고 자기가 하고 싶은 말을 꺼낸다.

상대방의 이야기를 쉽게 넘길 수 있는 이유는 그 이야기가 자신에게 그다지 중요하지 않아서다. 좀 심한 농담을 들어도, 잠깐 동안 말싸움을 했어도 자신에게 중요한 일이 아니면 그 자리에서만의 잡담으로 끝낼 수 있다.

그러나 자신이 신경 쓰는 일에 대해서는 그렇지 않다. 비록 짧은 한마디였더라도 그와 관련된 말을 들으면 그 자리에서는 웃고 넘기더라도 두고두고 곱씹게 된다. '그 사람이 왜 그런 말을 했지?' 하고 고민하다가 원한을 품기도 한다.

좋은 관계로 지내던 사람인데 갑자기 찬바람이 쌩쌩 불 때가 있다. 그런 경험은 다들 한 번쯤 있을 것이다. 이 경우, 대개는 당신이 무심코 뱉은 말 한마디가 원인이다. 본인은 '내가 무슨 행동을 했기에 저러지?' 하고 모르기 십상이다. 무슨 말을 했는지 그 사람과의 시간을 되돌아봐야 확실한 이유를 알 수 있다.

'그렇구나, 나는 악의 없이 한 말이지만 오해를 샀구나.' 하고 알아차렸다면 사과해야 한다. 솔직하게 사과하는 수밖에 없다. 악의 없는 단순한 실언이었더라도 상대가 상처받은 것은 분명하므로 "내가 실수했어. 미안해." 하고 사과해야 한다.

'사과해도 안 받아주면 어쩌지.' 같은 걱정은 접어두자. 용서는 그 사람의 몫이다. 그래도 대부분은 솔직히 사과하면 받아준다. 만약 사과를 받아주지 않아서 괴롭다면 그 사람과 억지로 사귀지 않으면 된다.

만나서 편한 사람하고만
놀아도 된다

나는 인간관계에 관한 대부분의 고민이 '모든 사람'에게 신경 쓰는 데에서 비롯된다고 생각한다. 쉽게 말해서 '모두와 잘 지내야 한다.'라는 생각이 너무 강해서 문제인 것이다.

"남이야 어떻든 내 알 바 아니다." 하고 딱 잘라내버리면 신경 쓸 일이 없겠지만, 이렇게까지 잘라낼 수 있는 사람은 거의 없다.

하지만 모든 사람에게 신경 쓰면 정작 자신의 고민을 털 어놓기가 어려워진다. "저 사람과 잘 지내기가 어려워."라 는 이야기를 털어놓고 싶어도, 그 고민을 듣는 상대방 역시

'모든 사람' 중 하나이기 때문이다. 고민을 고민으로 듣지 않고 누군가의 험담으로 들을까 걱정되고. 까딱 입을 잘못 놀리면 '모든 사람'에게서 손가락질을 받거나 따돌림을 당할까 두렵다.

이렇듯 모든 사람에게 신경 쓰면 숨 막히는 인간관계에서 절대로 벗어날 수 없다. 답답한 인간관계에서 벗어나 편해지려면 과감한 정리가 필요하다. 당신을 둘러싼 다양한 인간관계를 정리해야 한다.

"이제부터 만나지 맙시다."라고 말하라는 뜻이 아니다. '나를 알아주는 사람이 한 사람만 있으면 그것으로 충분하다.'라는 생각을 가져야 한다는 뜻이다.

모든 사람을 상대하려면 모두에게 맞춰주며 계속 인간관계에 얽혀 있어야 한다. 하지만 자신을 알아주는 사람과 있으면 당신은 오롯이 그 사람만 상대하면 된다. 특별한 그 사람에게는 무슨 말이든 할 수 있으므로 숨통이 트인다.

그 사람은 당신의 세계에 속해 있지 않아도 된다. 직장에 마음을 터놓고 이야기할 상대가 없더라도 퇴근 후 술 한잔 기울일 친구가 있다면 걱정할 게 없다. 비록 직장에서 매일 소외감을 느끼고 친구는 한 달에 한 번 만나더라도 말이다.

당신을 이해해주는 친구 한 명만 있으면 당신은 얼마든지 기분을 풀 수 있다.

문제는 지금 당신에게 그런 친한 친구가 있느냐다. 만약 이따금씩 만나서 편한 시간을 보낼 수 있는 사람이 있다면 직장의 모든 사람과 잘 지내려고 애쓰지 말자. 그래 봐야 숨만 막힌다.

· P O I N T ·

모든 사람에게 신경 쓰면 숨 막히는 인간관계에서 절대로 벗어날 수 없다.

하고 싶은 말은
일단 내뱉는다

마음을 터놓고 이야기할 상대가 없는 사람은 어떻게 해야 할까? 일단은 자신을 솔직하게 드러내보면 좋겠다. 남에게 맞춰야 한다거나 미움받고 싶지 않다는 생각은 지워버리고, 자신의 의견이나 생각을 눈 딱 감고 그대로 내뱉어보자. 그러면 생각지도 못한 상황이 벌어질 것이다.

사람은 각양각색이라서 모두 같은 생각을 하는 듯해도 그렇지 않다. 일단 자기 생각을 드러내면 모든 사람을 신경 쓸 때는 알지 못했던 '이야기가 통하는 사람'을 새롭게 만날 수 있다. "나와 생각이 같네?", "내가 늘 생각하던 점을 이야기해주네?" 하고 공감해주는 사람이 나타나는 것이다.

그것이 시작이다. 꽤 심한 말이나 타인을 상처 입히는 말을 입에 올리지 않는 한, 자신의 의견을 말한다고 해서 미움받을 일은 없다. 남의 눈치를 보지 말고 첫발을 내딛어보자.

또 다른 방법은 직장이나 일에서 목표로 삼을 사람을 찾는 것이다. 규모가 큰 직장이라면 '저 사람처럼 일하고 싶다.'라는 마음이 드는 사람을 더 쉽게 찾을 수 있다. 업무를 대하는 자세가 성실하다, 거만하지 않다. 자기만의 속도와 방법으로 일을 해낸다…. 무엇이든 좋다. 같은 직장에서 롤모델을 찾아내기만 하면 직장 내 인간관계가 편해진다.

롤모델이 주변에 있으면 일하는 데 의욕이 샘솟는다. 그 사람을 존경하고 닮고 싶어진다. 그렇게 그 사람을 목표로 의욕적으로 나아가다가 문득 되돌아보면 미움받지 않으려고 모든 사람에게 신경 썼던 과거의 자신과 아주 달라졌음을 깨닫게 될 것이다.

· POINT ·

자기 생각을 드러내면 '이야기가 통하는 사람'을 새롭게 만날 수 있다.

CHAPTER 5

편해지는 쪽을
선택하면
선택지가
많아진다

후회가 길면
괴로워질 뿐이다

우리는 스스로 결정하여 실행했음에도 '잘한 일이었을까?', '더 좋은 방법이 있지는 않았을까?' 하고 계속 고민할 때가 있다.

치매를 앓는 고령자와 접할 기회가 많은 나는 그 가족들과도 자주 대면한다. 그런데 집에서의 병간호에 한계를 느껴 고령의 부모를 간병 시설에 맡기기로 결정한 가족 중에는 '정말 괜찮을까? 이 방법이 최선일까?' 하고 괴로워하는 이가 적지 않다.

일본은 환자 본인의 치료에만 보험이 적용되기 때문에 가족을 대상으로 한 상담은 진행하기가 어렵다. 그래서 나는 이런 가족을 만나면 치매환자 가족모임에 나가 비슷한 경험을 한 사람들의 이야기를 들어보라고 권한다. 그곳에 다녀오고 나면 간병 시설에 맡기는 것이 환자 본인과 가족 모두에게 더 나은 선택임을 이해하고 돌아온다.

그러나 머리로는 이해했어도 막상 부모를 시설에 맡기고 나면 또다시 자신들의 선택이 옳은 결정이었는지 헤맨다. 아마도 죄책감 때문이리라.

고민 끝에 실행한 일에 '옳은 결정이었을까?' 하고 괴로워하고만 있으면 앞으로 나아가지 못한다. 일단 결정을 실행했다면, 이미 지나간 선택을 괴로워하기보다 '병간호에 빼앗겼던 자신의 시간을 이제 어떻게 사용할지', '시설에 들어간 부모와 언제 어떻게 시간을 보낼지' 등을 생각하는 게 낫다. 그래야 앞으로 나아갈 수 있다.

병간호만 그런 것이 아니다. 이런 일은 우리 인생에서 아주 흔하게 일어난다. 가령 원하는 대학은 떨어지고 2지망 대학에 붙은 수험생이라면 학원을 다니며 한 번 더 도전할지, 복수 지원으로 붙은 다른 대학에 들어가 새로운 마음으로 공부를 시작할지 망설이리라. 어쨌든 어느 쪽이든 결정을 내려야 한다.

고민 끝에 결정해놓고 '잘한 결정이었을까?' 하고 자꾸 곱씹고 있으면 앞으로 나아가지 못한다. 그렇게 어중간한 상태로 1년이라는 시간이 흐르면 입시를 다시 치르지도 못하고, 이미 들어간 학교에서 좋은 성적을 받지도 못하여 후회만 남을 것이다.

망설이는 시간은 누구에게나 있다. 하지만 그 시간을 오래 끌면 삶이 괴로워질 뿐이다. 편하게 사는 사람은 망설이는 시간이 찾아와도 금세 나아가는 쪽을 선택한다. 편하게 사는 사람은 마음을 정리할 줄 안다.

> · POINT ·
> 고민 끝에 실행한 일에 '옳은 결정이었을까?' 하고 괴로워하고만 있
> 으면 앞으로 나아가지 못한다.

다 끝난 일을 탓해봐야
소용없다

두고두고 후회하는 사람은 "왜 그때 더 노력하지 않았을
까?", "왜 더 강하게 주장하지 못했을까?"라는 식으로 자기
자신에 대해 부정적인 태도를 취한다. 이렇게 하면 좋았을
텐데, 그렇게 했으면 가능했을 텐데, 하고 불만을 자꾸 끄집
어낸다.

　하지만 노력하지 않았거나 의견을 주장하지 않았던 것이
아니다. 대개는 나름대로 노력도 했고 주장도 했을 것이다.
다만 원하는 결과가 나오지 않았을 뿐이다. 만약 일이 잘되
었더라면 틀림없이 노력한 덕분이라고, 강하게 주장한 덕분

이라고 뿌듯해했으리라.

원하는 결과가 나와도 계속 후회하는 사람이 있다. 이런 사람은 '더 노력했더라면⋯.' 하고 항상 아쉬워한다.

그러나 이미 끝난 일이다. 계속 자신을 책망해봐야 무슨 소용이 있을까? 왜 그렇게 힘들게 사는 걸까?

내가 생각하는 이유는 두 가지다. 하나는 자기 자신에 대한 요구 수준이 너무 높아서 그렇다. 다른 하나는 매우 뿌리 깊은 문제이기도 한데, 죄책감에 사로잡히기 쉬운 사람이어서 그렇다. 이런 사람은 무슨 일만 있으면 자기 자신을 책망한다. 잘못을 저지르고서 죄책감을 느낀다면 몰라도, 아무런 잘못도 저지르지 않고서 자기 탓이라며 괴로워하고 있으니 안타까울 뿐이다.

· POINT ·
사고방식을 바꾸지 않으면 괴로운 삶에서 벗어날 수 없다.

후회될수록
자기 자신을 칭찬하는 습관

그렇다면 편히 사는 사람들은 어떨까? 이들은 쓸데없는 죄책감은 가지지 않는다. 그렇다고 반성하지 않는다는 말이 아니다. 누구나 그렇듯 편히 사는 사람들도 후회는 한다. 다만, 그 후회를 오래 끌지 않을 뿐이다. 어떻게 그런 일이 가능할까?

편히 사는 사람들은 '아쉽지만 그래도 최선을 다했어.'라고 생각할 줄 알기 때문이다. 하지 못했던 일이 아니라, 자신이 해낸 일을 인정하고 칭찬할 줄 안다. '욕심을 내자면 끝이 없어. 이만큼 노력한 것도 잘한 일이야.'라고 생각할 줄 알면 삶이 매우 편해진다.

자기 자신을 스스로 칭찬한다고 하면 어쩐지 자신에게 너무 관대한 사람, 자신에게 이로운 쪽으로 해석하는 사람으로 비춰지기 쉽다. 특히 자신에게 엄격한 사람일수록 다음과 같은 말에 공감할 것이다.

"마음이야 편해지겠지만 그런 식으로 생각하면 노력을 안하게 되잖아요."

"그렇게 타협하다가는 아무것도 이루지 못해요."

"그런 식으로 무르게 살면 참을성을 기를 새도 없이 손놓고 말걸요."

하지만 편하게 살려면 힘든 노력이나 인내는 하지 않는 편이 좋다. 후회가 좀 되더라도 얼른 자신을 칭찬해야 앞으로 나아갈 수 있다. 그래야 삶의 모든 순간을 편하게 넘길 수 있다.

자신에게 엄격한 사람은 작은 실수나 조금 부족했던 노력에 끙끙 앓는다. 작은 실수에 그렇게 연연해하면 순조롭게 앞으로 나아갈 수 없다. 자신에게 엄격히 한다고 해서 실수를 줄일 수 있는 것도 아니다. 그렇게 지나간 일에 후회하고만 있으면 새로운 일에 도전할 수도 없다.

후회가 남아 있는 상태에서는 새로운 일에 힘을 쏟을 수 없다. '스스로 칭찬하기'는 산뜻한 기분으로 앞을 향해 나아가기 위해서라도 꼭 필요한 습관이다.

·POINT·

'욕심을 내자면 끝이 없어. 이만큼 노력한 것도 잘한 일이야.'라고 생각할 줄 알면 삶이 매우 편해진다.

반성할 점은 있지만
연연해하지 말자

가수이자 배우인 하라다 도모요(原田知世)는 한 잡지 인터뷰에서 다음과 같이 말했다.

"반성할 점은 있지만, 연연해하지는 않아요."

편히 살려면 이러한 마음가짐을 가져야 한다. 우리는 어떤 일이 생기면 항상 반성한다. 반성해서 깨달은 점을 다음 일에 활용해야 한다고 생각한다. 마음가짐으로만 보면 나무랄 데가 없는 생각이다.

하지만 아무리 반성해도 똑같은 일이 되풀이된다. '이렇게 했으면 좋았을 걸.', '저렇게 했으면 좋았을 걸.' 하고 반성했어도 시간이 지나면 금방 까먹는 탓이다.

같은 일이 되풀이되면 사람들은 스스로를 한심하게 여긴다. 정말로 발전이 없는 인간이라고 자학한다. 참으로 괴로운 삶이 아닐 수 없다.

반성하지 말자는 말이 아니다. 반성만 하고 있으면 앞으로 나아갈 수 없다는 말이다. 반성이 지나치면 너무 신중해져서 오히려 망설이는 일이 많아진다.

자신의 나쁜 점이나 자신이 해내지 못했던 점만 떠올리고 있으면 아무래도 나약해질 수밖에 없다. 그럴 때 하라다 도모요는 자기 자신에게 "열심히 했으니까 그걸로 됐어."라고 말해준다고 한다. 그래야 망설이거나 주저하지 않고 앞으로 나아갈 수 있기 때문이다.

편하게 산다는 건 홀가분하게 산다는 말과 같다. 무거운 짐을 짊어지거나 끌고 가는 것이 아니라 매 순간을 가벼운 머리와 가벼운 몸으로 건너가야 한다.

"후회하기 시작하면 납작해져요."

이 역시 하라다 도모요가 한 말이다. 후회하고만 있으면 그 무게에 짓눌려 무너지고 만다는 뜻이다. 후회하고만 있으면 새로운 힘이 샘솟지 않아 산뜻한 기분으로 출발할 수 없

다. 자기 자신을 아끼고 자기 자신에게 다정해야 주저하지
않고 힘차게 앞으로 나아갈 수 있다.

· POINT ·
편하게 산다는 건 홀가분하게 산다는 말과 같다.

···

과거에 몰두했던
나를 칭찬하기

과거는 바뀌지 않는다. 당연한 말이지만, 끝난 일은 잊는 수밖에 없다. 미래는 바꿀 수 있다. 앞으로의 삶은 얼마든지 바꿀 수 있다. 하지만 자신을 비롯한 주변을 돌아보라. 이 당연한 말을 받아들이지 못하는 사람은 의외로 많다.

"미래야 분명 바꿀 수 있겠지만, 지금까지의 내 모습을 돌아보면 미래라고 해서 크게 달라질 것 같지는 않네요."

나는 이러한 사고방식도 득이 되지 않는다고 본다. 그러한 사고방식의 연장선상에 미래를 놓으면 결국에는 과거에 얽매여서 사는 꼴밖에 되지 않는다. 게다가 이 사고방식에는

143

자기 자신이 바뀌지 않으리라는 전제가 깔려 있다.

하지만 바뀌지 않는 건 과거의 나뿐이다. 현재의 나도 바꿀 수 있고, 앞으로의 나도 바꿀 수 있다. 바뀐 나는 어떻게든 미래를 바꿔나갈 수 있다. 다 끝난 일에는 연연해하지 말자. 일이 끝나면 그 일에 몰두했던 자신을 칭찬하고서 흘려보내야 한다. 그렇지 않고 계속 마음속에 담아두면 시간이 아무리 지나도 절대로 자기 자신을 바꿀 수 없다.

또한 자기 자신을 바꾸는 것이 결코 어려운 일이 아님을 믿어야 한다. '사람은 쉽게 바뀌지 않는다.'라고 굳게 믿는 사람은 자기 자신도 쉽게 바뀌지 않을 거라고 단정한다. 하지만 실제로는 그렇지 않다. 과거를 흘려보내고 새로운 마음으로 다음 과제를 향해 나아가면 조금씩 무언가가 달라진다. 예전과 다를 바 없이 그 일을 대하는 듯 보여도, 새로운 마음으로 임하면 행동이 달라지고 기존과는 다르게 다양한 방법을 시도하게 된다.

· POINT ·

과거를 흘려보내야 달라질 수 있다.

회사는
노력보다 성과를 좋아한다

자신을 바꾸고 미래를 바꾸는 것은 모두 편하게 살기 위해서다. 그런데 당신을 둘러싼 상황이 이를 방해할 수 있다. 업무 방식을 바꾸고 싶어도 주변 여건이 허락하지 않는다거나 해내지 못한 일만 들춰가며 비난을 퍼붓는 상사가 있을 수도 있다. 이런 상황을 이겨내기란 쉬운 일이 아니다.

당신을 둘러싼 상황이 그렇다고 해도 딱딱한 가치관에 물들 필요는 없다. 노력이나 반성을 강요당한다 할지라도 자신이 편해질 방법을 궁리하는 습관을 버릴 이유는 없다.

직장을 한번 둘러보라. 특별한 노력을 하지 않고도, 자신의 실수에 깊은 반성을 하지 않고도 유유자적 일하는 사람이 틀림없이 있을 것이다.

　지금까지는 그런 사람을 보고 대충 체념하며 사는 사람이라고 치부해왔을지도 모르지만, 당신의 생각이 틀렸을 수도 있다. 어쩌면 그 사람은 당당하게 편안한 삶을 선택한 사람일지도 모른다. 그리고 그런 사람이 더 자신의 일에 만족감을 느낄 확률이 높다.

　힘든 노력이나 고된 인내를 자기 자신에게 강요하면서 '아직 멀었어.', '이번에야 말로 더 열심히 해야지.' 하고 애쓰는 사람일수록 오히려 불만이 많다. 그 나름의 성과를 내고 있음에도 만족할 줄 모르고 자기 자신을 칭찬하지도 않는다. 이런 사람은 자신을 바꾸기가 매우 어렵다. 고된 노력만이 가치가 있다고 믿는 탓에 계속해서 고된 노력만 되풀이한다.

　당신의 직장을 다시 한 번 둘러보라. 편안함을 선택한 사람이나 고생을 선택한 사람이나 한곳에 뒤섞여 살아가고 있다. 사고방식도 다르고 업무를 대하는 태도도 다르지만 크게 부딪히는 일 없이 그런대로 원활하게 돌아간다. 당신도 조직의 일원이다. 당신이 편안함을 선택한다 해도 자신의 일만 제대로 해내면 비난받지 않는다.

노력만이 가치가 있다는 생각은 버리자. 조직은 노력을 숭배하는 집단이 아니다. 그보다는 '나는 나, 너는 너'를 인정하는 곳이다. 이 사실을 깨닫지 못하면 당신만 손해다.

· POINT ·

편안한 삶을 선택한 사람은 자신의 일에 만족감을 느낄 확률이 높다.

당신과 내가 잘 쉬는 건
우리의 능력이다

대개의 직장에는 짧은 휴식 시간이 있다. 시간이 딱 정해져 있다기보다는 "자아, 잠깐 쉽시다." 하고 누군가가 말을 꺼내서 짧은 휴식이 시작되는 경우가 많다. 이때 일에서 손을 놓지 못하는 사람이 있다면 어떻게 될까?

열 명 중 한 사람이 쉬지 않는 정도라면 그나마 괜찮지만, 인원수가 적은 곳에서는 한 사람만 같이 쉬지 않아도 다른 사람들이 곤란해진다. 누구는 계속 일하는데 자신만 쉬는 기분이 들어서 미안해지기 때문이다. 그렇다면 그 사람은 왜 일에서 손을 놓지 않으려는 걸까?

"어쩔 수 없지요. 맡은 일이 늦어졌거나 일이 일단락되지 않은 경우도 있으니까요."

그 사람은 자신의 일을 일단락 짓고 나서 모두가 일하고 있는 와중에 혼자서 쉬려는 걸까? 아마 '다른 사람들이 다 일하는데 나만 쉴 수는 없지.'라는 생각으로 쉬지 못하고 계속 일하리라.

그 사람이 자신의 일을 일단락 짓고 나서 모두가 바쁜 와중에 혼자 여유롭게 차를 마시며 숨을 돌린다면 어떻게 될까? 그 사람의 생각처럼 사람들이 눈치를 줄까?

아무도 그 사람을 비난하지 않을 것이다. 오히려 '저 사람도 한숨 돌릴 때가 있네.' 하고 마음을 놓을 것이다. 그뿐이랴? "저도 좀 쉴까 봐요.", "다같이 차 한잔할까요?" 하고 편승하는 사람이 나올지도 모른다. 그리고 이쯤 되면 직장의 분위기가 매우 편안해진다.

쉬지 않는 사람은 자신이 쉬면 그만큼 모두에게 피해가 간다고 생각하기 쉽다. 혹은 쉬지 않음으로써 자신의 '노력'을 어필하고 있는지도 모른다. 열심히 일하는 모습을 보이면 "나도 열심히 해야겠다." 하고 깨닫는 사람이 나오고, 직장 전체의 생산성이 올라간다고 믿는 사람도 있다.

하지만 그 노력이 직장 분위기를 무겁게 만들기도 한다. 지쳐서 쉬고 싶어도 쉴 수가 없게 되는 것이다. 그렇다면 멀리 보았을 때 오히려 마이너스가 아닐까.

·POINT·

직장에서 쉬지 않고 일하는 사람은 그럼으로써 자신의 '노력'을 어필하고 있는지도 모른다. 그 노력이 직장 분위기를 무겁게 만들기도 한다.

내 꿈은 놀면서 사는 것

워커홀릭 상사보다
연차 챙기는 상사가 인기 있다

온 국민이 경제 발전에 힘쓰던 시대에는 과중한 노동에 시달리는 사람이 많았다. 근무 시간도 긴 데다 야근에 철야도 잦았으니 거의 직장에 살았다고 해도 과언이 아닐 정도였다.

일본 사회 뉴스에는 과중한 노동으로 인한 문제가 종종 보도된다. 인력 부족, 사업 내용의 다양화 등 여러 요인이 있겠으나 나는 무엇보다도 '생산성 신화'를 강조한 데에 원인이 있다고 본다.

그 증거로, 물건이 남아돌고 있다. 생산성을 올리려고 속도나 효율만 강조한 결과다. 좀 극단적으로 말하면, 물건이 남아돌 때에는 더 생산하지 말고 소비에 집중해야 경제가 돌아간다. 하지만 아무도 그렇게 하지 않는다.

편안하고 좋은 시대가 되었건만 사람들은 이를 거부하고 더 힘들게 산다. 편안함을 누리지 않고 일부러 고생길을 선택한 느낌이다.

일뿐만 아니라 휴식도 그렇다. 휴일을 마다할 사람은 없다. 그 해에 공휴일이 많으면 좋아한다. 하지만 회사의 유급 휴가를 신청하는 사람은 여전히 적다. "눈치 보여서 못 쓰겠다.", "바빠서 못 쓰겠다."라는 이유를 댈 테지만, 가장 큰 이유는 '자기만 쓰는 것이 민망해서'이리라.

만약 매우 바쁜 시기에 당당하게 유급 휴가를 쓰는 사람이 있다면 어떤 생각이 들까? "얼씨구?" 하고 기가 막혀할 것이다. 다들 쉬고 싶어도 참고 일하는데 혼자만 쏙 빠져나간다고 못마땅해할지도 모른다.

하지만 개중에는 "어라? 쉬어도 되나 보다." 하고 기뻐하는 사람도 있을 수 있다. 신입이나 젊은 사원들이 특히 그렇다. '바쁠 때는 휴가 신청을 못하는 줄 알았는데, 해도 되는구나.'라고 생각하는 사람이 한 명이라도 늘면 그 직장에서는 유급 휴가를 쓰기가 그만큼 편해진다. 만약 상사가 먼저 나서서 유급 휴가를 다 써버린다면 그 직장의 부하 직원들은 마음 편히 유급 휴가를 누릴 수 있다. 당신은 이래도 혼자서 쉬지 않고 출근할 텐가?

· POINT ·

편안하고 좋은 시대가 되었건만 사람들은 편안함을 누리지 않고 일부러 고생길을 선택하는 것 같다.

평생 놀고먹을 수 있는
시대가 온다

인공지능이 이대로 계속 발달한다면 언젠가는 '기본 소득(Basic Income)' 시대가 올 것이라고 예측한 경제학자가 있다. 기본 소득이란 쉽게 말해서, 일하지 않아도 먹고살 수 있는 돈을 국가가 모든 국민에게 지급하는 제도다. 물론 그 돈을 받아도 일하고 싶은 사람은 계속 일할 수 있다. 돈을 줄 테니 일하지 말란 말은 아니다.

그러나 현실적으로 생각해보자. 인공지능이 각종 산업 분야에 도입되면 인간은 많은 일자리를 잃게 된다. 일하고 싶어도 일자리가 없어서 포기해야 한다. 이때 수입이 없으면 소비가 줄어든다. 인공지능을 도입하여 생산성이 향상되어도 소비자가 구매하지 않으면 기업은 망할 수밖에 없다. 그런데 나라에서 일하지 않아도 먹고살 만큼의 돈을 준다면, 즉 평생 놀고먹을 수 있게 된다면 노후를 위해 저축하기보다는 소비에 주력하게 될 것이다. 인생의 목표가 저축에서 소비로 바뀌게 되는 것이다.

이런 설명을 들으면 "그건 모든 국민이 생활보호대상자가 되는 거나 마찬가지잖아요?"라고 부정적으로 말하는 사람이 꼭 있다. 짜임새만 봐서는 모든 국민에게 생활 수당을 지급하는 셈이니 꼭 틀린 말은 아니다. 문제는 "그래서 무엇이 나쁜가?" 하는 점이다.

'기본 소득'은 국가가 제도라는 명목으로 모두에게 지급하는 돈이니 당당하지 못할 이유가 없다. "준다고 하니 받아두겠다." 하고 받으면 그만이다.

여기에 생활보호대상자라는 이미지를 덮어씌우려는 이유는 일하지 않고 돈을 받는 데 대한 죄의식이 있기 때문이다. "일도 하지 않는데 외식해도 되나?", "매일 놀고먹다니, 벌받을지도 몰라."와 같은 인식이 깔려 있는 것이다.

하지만 이런 인식을 가지고 있으면 '기본 소득'이 도입될 때

거북함을 느끼게 되고, 심하면 삶의 보람까지 잃게 된다. 세상은 편해졌는데 오히려 괴로워하는 사람이 생기는 것이다.

· POINT ·
평생 놀고먹을 수 있게 된다면 저축보다 소비에 주력하게 될 것이다.

근면 성실함은
더 이상 경쟁력이 아니다

'기본 소득'이 실현될지 어떨지는 알 수 없지만, 지금보다 덜 고되고 더 편안해지는 시대가 오리라는 건 확실하다. 세상은 이미 그 흐름을 타고 있다.

하지만 안타깝게도 많은 이가 이를 알아채지 못하고 있다. 예를 들면, 자동번역 서비스가 그렇다. NTT도코모에서는 이미 대량의 영어 문서를 단시간에 일본어로 바꾸어주는 서비스를 제공하고 있다. 인력이 부족한 기업도 이 서비스를 이용하면 해외에서 보내오는 막대한 양의 문서나 정보를 빠르게 처리할 수 있다.

음성인식 자동번역도 빠르게 발달하고 있다. 이를 잘 이용하면 해외에 나가서도 언어로 인한 불편이 없다. 학교나 학원에서 힘들게 외국어를 배우지 않아도 외국인과 자연스럽게 대화를 나눌 수 있는 시대가 그리 멀지 않았다.

그런데 이런 시대가 오면 우리는 다른 능력을 갖추어야 한다. 언어가 문제가 되지 않는 만큼, 재미있는 이야기나 상대방이 흥미를 느낄 수 있는 소재를 풍부하게 갖추고 있어야 한다. 어학능력보다 지식이나 교양이 더 중요해지는 것이다.

인내나 노력만을 자신에게 강요해온 사람이 과연 자국의 문화, 습관, 음식, 술, 역사 혹은 신변에서 벌어지는 시시콜콜한 이야기를 상대방에게 유머러스하게 전달할 수 있을까?

편안한 삶이 당연해지면 '장난기'가 중요해진다. 소비자를 웃게 하는 장치를 생각해내는 창의력이 지금보다 더 강조될 것이다.

시대가 바뀌고 있는데 일했으면 놀아야 하고 놀았으면 일해야 한다는 꽉 막힌 사고로 살아간다면 노력한 뒤에 더 노력하며 괴롭고 힘든 삶을 당연히 여기고 성과만을 좇게 된다. 그렇게 되면 지식이나 교양은 아예 쌓을 수 없게 된다.

지금보다 더 인공지능이 발달하면 노력만 해온 사람들은 앞으로 무엇을 해야 좋을지 알 수 없게 되리라.

앞으로의 시대는 어학능력보다 지식이나 교양이 더 중요해질 것이다.

인공지능과 경쟁하려는 사람이
가장 어리석다

무엇이든 직접 해야 직성이 풀리는 사람이 있다. 아무리 작은 일이라도 누가 하느냐에 따라 완성도가 달라진다. 그러다 보니 이런 사람들은 남의 손을 빌리지 못한다. 마음에 들 때까지 꼼꼼하게 살펴보기 때문에 완성도가 높다는 장점은 있지만, 대신 그만큼 시간이 많이 걸린다는 단점도 있다.

지금까지는 이런 사람들이 중요한 역할을 맡아왔다. 세밀한 작업이나 볼품이 좋아야 하는 일은 이런 유형의 사람들이 전담해왔다. 아마 본인들도 "내가 나설 차례인가?" 하고 우쭐거렸을 것이다.

하지만 인공지능이 도입되면 어떻게 될까? 이런 사람들은 "기계가 해봤자 얼마나 잘하겠어?" 하고 코웃음을 치리라. "속도야 빠르겠지만 엉성할 게 뻔해. 두고 보라지." 하면서 전의를 불태울지도 모른다.

하지만 이런 태도는 주변 사람들에게 도움이 되지 않는다. "뭘 저렇게 발끈하는 거야? 기계에 그냥 맡기면 되지." 하고 어이없어할 수도 있다. "그냥 좀 맡기지, 자기가 더 잘할 수 있다고 나서면 우리까지 뭔가를 해야 하잖아. 왜 저러는 거야?" 하고 화를 낼 수도 있다.

주변을 돌아보자. 자신이 꼭 확인해야 마음을 놓는 사람이 우리 주변에는 정말 많다. 집안 식구 중에도 있을 것이다. 누군가가 청소를 하거나 빨래를 개어 놓으면 이런 사람들은 꼭 잘했는지 확인하고, 잘못했으면 이러쿵저러쿵 잔소리하고 결국 본인이 다시 닦고 다시 갠다.

이런 사람들은 아무리 인공지능이 완벽한 작업을 수행해도 불평을 늘어놓을 것이다. 눈을 크게 뜨고 흠결을 찾으려 들 테고, 혹여 티끌만 한 흠을 찾아내면 "이거 봐, 이거 봐. 내 이럴 줄 알았어." 하고 기뻐하리라.

흠결이 없어도 마찬가지다. "기계가 하는 일이 뭐가 좋겠어? 기계가 하는 일에는 정성이 들어 있지 않아."라는 이상한 논리를 앞세워 인공지능을 부정하리라.

인공지능과 경쟁하려는 태도는 주변 사람들에게 도움이 되지 않는다.

내 꿈은 놀면서 사는 것

인공지능과 친해지면
일상이 편해진다

자신이 직접 해야 직성이 풀리는 사람이 "이제 그러지 않기로 했습니다."라고 선언한다면 어떻게 될까? 다른 건 몰라도 주위 사람들은 편해지리라.

자신이 끝낸 일을 누군가가 와서 이러쿵저러쿵 지적하며 다시 한다고 해보자. 기분 좋을 사람이 어디 있겠는가. 팀으로 움직이는 조직이라면 불만의 목소리가 나올 것이다.

"꼭 그렇게까지 해야겠습니까?" 하고 기가 막혀 할 것이다. "제가 하는 일은 다 불만이시죠?" 하고 화를 낼 것이다. "이럴 거면 처음부터 자기가 하든가!" 하고 불평을 쏟아낼 것이다. 그리고 점차 꼼꼼하게 봐야 하는 일이나 귀찮은 작업은 아예 손도 대지 않고 그 사람에게 넘겨버릴 것이다. 그러는 편이 본인에게도 편할 거라고 생각하기 때문이다.

그런데 한 사람이 몰아서 작업하면 당연히 완료 시간이 늦어진다. 게다가 이 사람은 꼼꼼하기까지 해서 안 그래도 늦어진 시간이 더 늦어진다. 모두가 나서서 하면 빨리 끝낼 일을 한 사람에게 맡겨놓고 마냥 기다리는 것은 효율성이 떨어진다.

자신이 직접 해야 직성이 풀리는 사람이 자신의 방식을 그만두면 주위 사람들은 각자 자기가 편한 방법으로 제 몫의 일을 빨리 끝낼 수 있다. 그러면 그 직장의 모두가 편하게 일할 수 있다.

인공지능이 도입될 때도 마찬가지다. 기계가 할 일은 기계에 맡기겠다고 생각을 바꾸면 일이 편해진다. 효율이 좋아져서 야근도 사라진다.

그러다 직장마저 사라질지 모르지만, 어쨌든 기업은 돈을 벌 것이다. 그러면 그 돈에 충분한 세금을 매기고, 그렇게 해서 거두어들이는 세금이 비약적으로 늘어나면 '기본 소득' 제도를 도입할 수 있다. 경영자들이야 내키지 않겠지만, 어쨌든 복지나 의료 서비스도 좋아질 수 있고 무상 교육도 확대 될 수 있다. 그런 시대가 오면 우리는 그저 마음 편하게 놀면 서 살면 된다.

기계가 할 일은 기계에 맡기겠다고 생각을 바꾸면 일이 편해진다.

···

당장 지금 이 순간부터
편하게 살자

지금 이 순간을 힘들게 살면 그 고통이 점점 습관으로 굳어진다. 힘들지만 참고 견디는 수밖에 없다고 굳게 믿으면 어떤 상황이 닥치든 '참고 버티는' 길밖에 선택하지 못한다.

나는 당신이 지금 이 순간을 조금이라도 편히 살았으면 좋겠다. 지금이 편해야 미래도 편하다. 이를 깨달으면 어떤 상황이 닥치든 편한 방법을 모색할 수 있다. 당신이 좀 편해져도 세상은 어떻게든 굴러간다. 어떤 일이 닥치든 당신이 조금 더 편해질 방법은 얼마든지 있다.

지금까지 참고 버티며 힘들게 노력하면서 살아왔다면 이

제부터는 편한 방법을 궁리하는 데 에너지를 써야 한다. 좋은 방법이 없을지 생각해보고 시험해봐야 한다. 그 방법이 맞아떨어지면 당신은 그만큼 편히 살 수 있다. 계속해서 더 편해질 방법을 찾아야 한다. 괴로운 노력보다는 이런 궁리가 훨씬 더 즐겁다.

지금 이 순간을 노력만 하며 살고 있다면 당신은 잘못 살고 있는 것이다. 나의 단언에 불쾌해하는 사람도 있으리라. 열심히 노력했기에 오늘날이 있다고 믿는 사람일수록 내 말을 인정하기 어려울 것이다.

인정하지 않아도 좋다. 다만, 지금까지와 같은 방식으로 살면 앞으로는 손해 볼 것임을 기억해주기 바란다. 노력보다 편안함이 당연한 세상이 되었을 때 편안함을 추구하지 못하고 계속해서 힘든 노력을 선택하면 당신은 큰 손해를 보게 되리라. 아마 당신에게도 편해지고 싶은 마음이 조금은 있을 것이다. 앞으로는 그 마음을 키워나가야 한다.

· POINT ·

지금 이 순간을 노력만 하며 살고 있다면 당신은 잘못 살고 있는 것이다.

CHAPTER 6.

원래
인간의 꿈은
놀면서
사는 것이니라

편하지 않다면
돈이 무슨 소용일까?

주식 상장에 성공하여 큰돈을 번 청년에게서 다음과 같은 말을 들은 적이 있다.

"저는 와다 선생님과 다르게 의사 자격증도 없고, 이런저런 일로 돈을 벌 수 없다 보니 무서워서 돈을 쓰지 못하겠어요."

이런저런 일이란 아마도 영화, 학원, 출판을 가리키는 것이리라. 나는 영화도 만들고 학원도 운영하고 책도 내지만, 사실 영화나 학원은 돈벌이가 아니다. 책도 팔리지 않게 되면 더는 출판 제의를 받지 못하게 될 것이다. 사실 지금도 무산되는 제의가 아주 많다.

　나는 영화 만들기를 제일 좋아한다. 하지만 영화는 밥벌이가 되지 않아서 의사를 관두지 못하고 있다. 의사라는 직업은 확실히 먹고사는 데 금전적으로 도움이 된다. 그렇지만 이런저런 일로 돈을 번다기보다는 솔직히 이쪽저쪽으로 돈을 변통해가며 그럭저럭 지낸다고 보는 게 더 맞다.

　그렇다 보니 내게는 그 청년의 이야기가 와닿지 않았다. 아직 마흔도 되지 않은 나이에 다 쓰지도 못할 돈을 쥐고는 무서워서 쓰지 못하겠다니…. 해보고 싶은 일에 뛰어들었다가 실패해도 망하지 않을 만큼의 돈이 있는데 뭐가 두렵다는 건지 모르겠다.

　청년의 말을 듣고 문득 떠오른 생각이 있다. 어쩌면 청년은 벌어들인 돈을 쓰지 않으려고 열심히 노력하는 중인지도 모르겠다. 평생 쓰고도 남을 돈을 모았으면 더는 노력하지 않아도 좋으련만, 그는 벌어들인 돈을 줄이지 않으려고 다시 노력을 선택했는지도 모른다. 노력을 멈추지 않으면 직성이 풀리지 않는 모양이다. 도대체 그는 언제쯤에나 편히 살 수 있을까?

　그 청년도 분명 처음에는 편해지려고 노력했을 텐데, 돈을

벌고 편해진 다음에는 편해지지 않으려고 노력하다니! 역시
나로서는 이해할 수 없다.

팔자 좋다는 소리는
찬사다

평생 쓸 수 있는 돈을 벌고도 돈이 줄어들까 봐 무서워서 쓰지 못하는 청년의 말에 당신은 어떤 생각이 드는가? 아마 이해되는 부분도 있으리라.

"아무리 돈이 많아도 낭비는 금물이에요. 갖고 있어야 안심이 되지, 줄어들면 불안해지잖아요."

"아무리 부자여도 놀면서 쓰기 시작하면 금방입니다. 그렇게 해서 재산 탕진하는 사람이 어디 한둘인가요?"

돈을 쉽게 쓰지 못한다는 것은 그만큼 인생관이 견실하고 금전 감각이 뛰어나다는 뜻일 수도 있다. 하지만 그뿐일까?

그런 인생관에서도 역시 놀고먹는 데 대한 죄의식을 엿볼 수 있다.

지금껏 편한 선택을 하라는 메시지를 중심으로 '편안함'에 대한 이야기를 해왔다. 5장과 6장은 지금까지 서술한 내용을 상기해보면서 앞으로 어떤 인생관으로 살아가면 좋을지 생각해보며 읽으면 좋겠다.

사람들은 흔히 놀면서 생활하는 사람을 보면 "팔자 좋네." 라고 말한다. 부러워서 하는 말이겠으나 그 밑바닥에는 멸시가 깔려 있다. 그리고 그런 속마음이 담긴 말들은 편해지는 데 대한 죄의식을 느끼게 한다.

편하게 사는 것을 방해하는 가장 강력한 방해꾼은 자기 자신이다. 누구든 편안한 삶이 제일 좋다는 걸 잘 안다. 그럼에도 편히 살면 꿈을 이룰 수 없다는 고정관념을 도무지 떨쳐버리지 못한다.

우리는 대개 편안한 삶을 꿈꾼다. "이렇게 되고 싶다.", "이렇게 되면 좋겠다."라고 원한다. 좋아하는 일을 하면서 만족감을 느끼며 살고 싶어 하지, 계속 힘든 노력만 반복하면서 살고 싶어 하지 않는다.

꿈을 실현하려면 분명 노력을 해야 한다. 그런데 이 노력도 편한 방법을 궁리해서 '편한 노력'으로 바꾸어야 한다. 그래야 오래 노력할 수 있고, 꿈에 한 걸음 더 다가갈 수 있다. 설령 바라던 일에서 실패했다 하더라도 편한 노력을 한 사람은 자신의 노력이 부족한 탓이라며 자기 자신을 부정하려 들지 않는다.

노력한 끝에 편안한 생활을 하게 되었을 때 편안한 삶에 죄의식을 느낀다면 도대체 무엇을 위해 그 노력을 한단 말인가? 만약 누군가가 "팔자 좋네."라고 말한다면 "감사합니다." 하고 웃으며 응수하자. "팔자 좋다."라는 말을 들을 수 있는 사람이 되는 것을 목표로 삼아도 좋으리라.

· POINT ·

우리는 대개 편안한 삶을 꿈꾼다.

나만
이렇게 편해도 될까?

언제든 편한 방법을 궁리해서 실천해보고, 그래서 좋은 결과
가 나오면 그게 제일이다. 그런 사고방식이면 된다. 주변 사
람들이 '더 해야 해.', '아직 멀었어.' 하고 괴롭게 노력하더라
도, 편한 방법을 사용해서 일이 일단락되었다면 정시에 퇴
근해 개인적인 시간을 즐기면 된다. "나만 이렇게 편해도 될
까?" 하고 미안해할 필요 없다.

편한 방법을 생각해내는 것이 곧 발전하는 길이다. 고된
노력은 아무리 계속해도 괴롭기만 하다. 이에 비해 편한 방
법에 따라오는 편한 노력은 금세 요령이 붙어 익숙해진다.

새로운 일에도 그 방법을 금세 적용해본다. 이런 과정을 되풀이하면 편하게 할 수 있는 방법이 계속 늘어난다.

어려운 일을 만나도 '이번에도 틀림없이 편한 방법이 있을 거야.'라고 생각해 엄청난 각오를 할 필요가 없다. 노력만으로 버텨내려 하는 사람이 '지금보다 더 힘을 내면 틀림없이 이겨낼 수 있을 거야.'라며 비장함에 빠져 있을 때에도, 편한 방법을 궁리하는 습관이 밴 사람은 여유를 가질 수 있다.

가장 큰 발전은 편안함에 대한 죄의식이 사라지는 것이다. 죄의식이 없어야 진정으로 편해졌을 때 자신의 인생을 온전히 즐길 수 있다.

지금의 당신은 어떠한가? 편해지고 싶다는 바람은 있지만 그것이 먼 미래의 일이라고 생각하지는 않는가? "정년까지 일하고 나서.", "집 대출부터 갚고."라는 단서를 대며 '지금은 힘들어도 참고 견디자.'라며 자신을 몰아세우고 있지는 않은가? 그리고 그것이 당연하다고 여기고 있지는 않은가?

· POINT ·

편한 방법을 생각해내는 것이 곧 발전하는 길이다.

CHAPTER 6. 원래 인간의 꿈은 놀면서 사는 것이니라

지금 당장 누릴 수 있는
'편안함'을 찾아보라

힘들지만 참고 견디자는 마음으로는 편한 방법을 찾지 못한다. 고통을 당연하게 받아들이면 참고 견디는 수밖에 없다고 스스로를 설득하게 된다.

만약 매 순간마다 '이 고통을 줄일 수 있는 방법이 없을지'를 궁리하면 삶이 어떻게 될까? 정년 전에 일을 관둘 좋은 방법을 찾아낼 수도 있고, 같은 평수지만 좀 더 저렴한 집을 찾아내 대출을 쉽게 갚을 수도 있다. 찾아보면 편해질 길은 얼마든지 있다.

'참고 견디는 수밖에 없다.'라고 생각했던 일도 이리저리 알아보고 지혜를 모으면 "그렇게 힘들게 노력하지 않아도 할 수 있겠는데?" 하고 깨닫게 되는 경우가 의외로 많다. 편안해지려면 머리를 사용해서 정보를 모아야 한다. 이에 비해 참고 견디는 것은 체력과 정신력의 문제다. 참고 견디는 데 머리를 쓸 일은 없다.

병간호나 의료 분야에서도 다양한 치료법을 얼마나 알고 있느냐에 따라 편안함이 좌우된다. '이런 제도가 있으면 좋을 텐데.' 싶으면 바로 알아봐야 한다. 병원 원무과 직원이나 의사에게 처한 상황을 전하고 방법을 물어봐도 된다. 전화한 통화면 된다. 우리가 알지 못할 뿐 실제로는 수많은 제도와 서비스가 마련되어 있을 것이다.

설령 기대한 서비스나 제도를 찾지 못한다 해도 "대신 이러이러한 제도가 있습니다."와 같은 답을 얻을 것이다. 원하는 만큼은 아니더라도 분명 지금보다는 편해질 수 있다.

· POINT ·

이리저리 알아보고 지혜를 모으면 "그렇게 힘들게 노력하지 않아도 할 수 있겠는데?" 하고 깨닫게 되는 경우가 의외로 많다.

놀면서 살고 싶다는 꿈이
왜 나쁜가?

나는 죽을 때까지 영화를 만들고 싶다. 누구나 좋은 작품이라고 고개를 끄덕일 만한 작품을 단 하나라도 남기고 싶다. 내게 영화는 신나는 놀이이다. 나는 놀면서 살고 싶다. 내가 놀면서 살고 싶다고 하면 "그것도 잠깐이지, 금방 지루해져."라고 말하는 사람이 꼭 있다.

"일하지 않고 놀기만 하면 금방 물려."

"일을 하니까 노는 것도 재미있지. 노후에 편히 살려면 지금 열심히 일해야 해."

틀린 말은 아니지만 '성실함'에서 벗어나지 못하고 있다는 느낌이 든다. 혹시 노는 것에 대해 오해를 하고 있는 게 아닐까 싶다.

자신의 꿈은 놀면서 사는 것이라고 분명하게 밝힌 한 50대 여성이 있다.

"놀면서 사는 것이 지루하다니 말도 안 돼요. 저는 하루를 아주 바쁘게 보낼 것 같아요. 그런 생활을 할 수 있다면 얼마나 행복할까요?"

좋아하는 영화를 보고, 좋아하는 책을 읽고, 때때로 여행을 떠나고, 마음이 내키면 빵이나 쿠키를 굽고, 해질 무렵에는 와인을 마시고, 밤이 되면 소설 집필에 도전해보거나 시를 쓰거나 그림을 그리고, 졸리면 자고…. 그녀는 하루를 이렇게 보내고 싶다고 했다.

"상상만 해도 황홀해요. 그런 날이 오면 정말 꿈만 같을 거예요."

하지만 아직은 할 일도 있고 더 공부하고 싶은 것도 있어서 놀면서 사는 것은 조금 뒤로 미루어놓았다고 한다. 그 '조금 뒤'란 놀면서 살고 싶은 마음이 지금보다 더 간절해질 때라고도 했다.

"내년이 될지 5년 후가 될지 모르겠지만, 놀면서 살고 싶다는 마음이 있는 한은 서두를 필요가 없어요."

지금 이 시대는 누구나 놀면서 살고 싶다는 꿈을 꾼다. 이제는 이러한 꿈이 전혀 이상하지 않은 때다.

· POINT ·

"상상만 해도 황홀해요. 그런 날이 오면 정말 꿈만 같을 거예요."

21세기
생산적인 한량이 되고 싶다

1900년대 초반, 일본에는 고등유민(高等遊民)이라는 신조어가 등장했다. 이 말은 본래 소설가이자 영문학자인 나쓰메 소세키(夏目漱石)가 자신의 소설 속 주인공을 묘사하며 쓴 말인데, 간단히 말하면 놀면서 사는 사람이다.

고등유민이 꼭 놀기만 하는 사람을 가리키지는 않지만, 어쨌든 팔자가 좋아 보이는 건 사실이다. 부모에게서 경제적인 도움을 받거나 유산을 물려받아서, 엄청나게 부유하지는 않더라도 생계를 걱정하지 않아도 되니 서민이 보기에는 부러운 면이 있다.

'고등'이란 말대로 이들은 학력도 높다. "학력이 높으면 취직해서 돈을 벌 것이지 왜 놀아?" 하는 사람도 있겠지만, 당시에는 고학력자들의 취직자리가 그리 많지 않았다고 한다. 오히려 고학력이 취직에 방해가 되었다고 한다. 사정이야 어쨌든, 많이 배웠지만 일하지 않은 사람인 것은 분명하다.

직장에 다니지는 않았지만 이들이 날마다 지루하게 보낸 건 아니었다. 살기 좋은 나라가 되려면 어떻게 바뀌어야 하는지 정치와 경제를 논하며 나름 바쁘게 살았다고 한다.

솔직히 말해서, 될 수만 있다면 나도 고등유민이 되고 싶다. 내가 만약 놀면서 생활하게 된다면 영화를 계속 만들고 싶다. 그리고 동시에 심리학이나 정신분석학 공부도 계속하고 싶다. 정신의학 분야에서도 계속 일하고 싶다.

돈을 벌기 위해서가 아니다. 조금이라도 좋은 세상이 되었으면 하는 마음에서 내가 하고 싶고 내가 할 수 있는 일에 열중하고 싶을 뿐이다.

· POINT ·
될 수만 있다면 고등유민이 되고 싶다.

놀면서 살기 위해
지금 해야 할 것

앞서 놀고먹고 싶은 게 꿈이라고 당당히 말했다는 50대 여성은 자신이 편안함을 느끼고 열중할 수 있는 것만 하면서 살고 싶다고 했다. 놀면서 사는 삶은 그런 것이 아닐까?

당신은 아직 '놀면서 사는 삶'에 대해 거부감을 느낄지도 모른다. 양심의 가책을 느낄 수도 있고 아무에게도 도움이 되지 않는 삶에 죄책감을 가질 수도 있다. 하지만 자신이 좋아하는 어떤 것에 시간 가는 줄 모르고 열중해서 살아가는 삶이 가장 이상적이라 데 이견은 없을 것이다. 할 수만 있다면 당장이라도 그런 삶을 살고 싶다고 바라는 이가 적지 않으리라.

무언가에 열중하는 삶을 살고 싶다면 지금부터라도 조금씩 따로 시간을 내어 자신이 하고 싶은 일을 시작해야 한다. 내 말에 "휴일에는 하고 싶은 일을 하면서 편히 산다."라고 반박할 수 있다. 그런 사람에게 되묻고 싶다. 휴일 다음 날에는 어떻게 지내느냐고 말이다. 아마 휴일이 끝나면 참고 버텨야 하는 현실로 돌아갈 것이다. 일주일 중 그런 날이 휴일보다 많을 테니 삶의 대부분을 참고 버티며 산다고 해도 과언이 아니리라.

혹시 괴로운 노력을 이어나기 위해 편한 시간을 가져야 한다고 생각하지는 않는가? 즐거운 일에 몰두하는 건 기분전환일 뿐이라고 여기지는 않는가?

만약 이런 생각을 가지고 있으면 노는 데에도 대의명분이 필요해진다. 그러면 날마다 놀면서 사는 삶에 죄책감을 느끼는 게 당연하다.

이제 생각을 바꿔보자. 일하기 위해서 노는 것이 아니라 놀기 위해서 일해야 한다. 인생에서 중요한 건 편안함이다. 놀면서 사는 삶이 제일이다.

일하지 않아도 되는 때가 오면 거리낌 없이 신나게 놀아도 되고, 좋아하는 것만 하면서 하루를 보내도 된다. 완벽한 행복을 느껴도 괜찮다.

일하기 위해서 노는 것이 아니라 놀기 위해서 일해야 한다.

재미있는 것에
열중하는 삶이 아름답다

어느 직장에나 놀기 좋아하는 직원이 있다. 낚시와 캠핑을 좋아해서 휴일마다 여기저기 돌아다니는 사람이 있는가 하면, 영화를 좋아해서 틈틈이 영화관을 순례하느라 바쁜 사람도 있다. 그런 사람이 출근해서 선하품을 하거나 졸기라도 할라치면 상사에게서 어김없이 싫은 소리가 날아든다.

"낚시하는 데 쓰는 에너지를 일하는 데 써보지 그래?"

"주말에 거하게 놀았나 봐?"

재빠르게 일을 처리하고 퇴근하려는 사원에게도 얄미운 소리가 꽂힌다.

188
내 꿈은 놀면서 사는 것

"약속 있나 봐?"

"아직 할 일이 많을 텐데?"

이 세상에는 일에 최선을 다해야 한다고 믿는 사람이 압도적으로 많다. 이들은 일하느라 쌓인 5일치 피곤을 주말에 풀고 월요일부터는 다시 일에 매진해야 한다고 생각한다. 힘든 노력에 모든 가치를 부여하는 것이다.

내 생각은 다르다. 반복해서 말하지만, 괴로운 노력은 아무런 가치가 없다. 일하는 데 에너지를 다 쏟을 필요는 없다. 편한 방법을 찾아서 생긴 잉여 에너지를 모아서 자신이 좋아하는 일에 쏟아야 한다.

그런 삶이 훨씬 즐겁다. 무엇하러 인공지능을 연구하겠는가? 무엇하러 의학 발전에 힘쓰겠는가? 모두 인간이 편해지기 위해서다. 지금보다 즐겁게 살고 싶어서다.

내가 생각하는 '놀면서 사는 삶'은 좋아하는 것에 열중해서 사는 삶이다. 노력이 아니라, '열중'이다. 물론 이런 삶에도 노력은 필요하지만, 자신이 좋아서 하는 일인 만큼 스트레스는 없다. 피곤해지면 잘 만큼 자고, 활력이 생기면 다시 좋아하는 일에 몰두하면 그만이다.

생산성이 없는 삶이라고 비난받을 이유도 없다. 좋아하는 일에 몰두하는 사람은 돈을 쓴다. 계속 힘들게 노력하면서 저축만 하는 사람보다 좋아하는 일을 하면서 돈을 쓰는 사람이 사회 공헌도가 더 크다. 앞에서도 말했지만 요즘은 물건이 남아돈다. 지금 이 사회는 생산보다 소비를 원한다. 사회는 좋아하는 일에 몰두하고 그 일에 소비하는 사람을 더 반기지 않을까.

· POINT ·
내가 생각하는 '놀면서 사는 삶'은 좋아하는 것에 열중해서 사는 삶이다.

저축이 목적이 되면
무슨 재미로 살까?

과거에는 노인을 공경하고 배려하는 게 당연한 사회였다. 그런데 평균수명이 길어지고 치매를 앓거나 병간호가 필요한 고령자가 늘면서 '쓸모없는 노인이 되고 싶지는 않다.'라고 생각하는 이가 많아졌다. 노년정신의학과 의사인 나는 이런 생각에 동의하지 않는다.

주위를 돌아보라. 말썽을 일으키는 일 없이 좋아하는 일에 시간과 돈을 쓰면서 행복하게 사는 노인을 동네사람들은 마치 무림을 떠난 고수로 대한다. 본래 편안하고 느긋하게 사는 사람이라 남에게 불편을 끼치지도 않을 뿐더러, 남이 무얼 잘못했어도 장황하게 설교를 늘어놓는 법이 없다. 또한 곤란한 일이 생겨서 상담하러 찾아가면 기꺼이 지혜를 빌려주기도 한다. 이런 사람이 세상이 많다고 상상해보라. 지금보다 훨씬 더 살기 편해지지 않을까?

놀면서 사는 사람을 쓸모없는 사람으로 취급하는 이가 많다. 당신은 어떤 삶을 살고 싶은가? 지금은 먹고살아야 해서 어쩔 수 없다면 정년 이후에는 어떤가? 당신의 노후에 지금까지는 생각해보지 않았던 편안한 삶을 하나의 선택지로 끼워 넣어도 괜찮지 않을까?

돈이 제일이라면서 돈벌이만 생각하고 저축한 돈을 쓰지 않으려고 들면, 평생을 힘들게 살아야 한다. 그러면 참고 버티다가 인생의 황금기가 끝나버린다. 너무 아깝다.

좀 더 편하게 살아도 되지 않을까? 노력이 제일이라고 배웠지만, 노력에 얽매여서 평생을 보내고 싶지는 않다. 당신 생각은 어떠한가?

> **·POINT·**
> 돈벌이만 생각하고 저축한 돈을 쓰지 않으려고 들면, 평생을 힘들게 살아야 한다.

놀면서 사는 사람이
인정받는다

앞에서 큰돈을 벌었음에도 무서워서 쓰지 못하는 청년의 이야기를 했다. 이번에는 그 반대의 이야기다.

나는 늘 상속세는 100%여도 된다고, 고액소득자일수록 누진과세를 강화해 세금을 많이 부과해야 한다고 주장해왔다. 그래야 돈이 돌기 때문이다. 돈이 돌아야 세상이 돌아간다.

돈 많은 부자는 자녀에게 재산을 물려주려고 하겠지만 상속세로 전부 내라고 하면 그 돈을 자신이 직접 쓰려고 들 것이다. 또 소득세가 강화되면 돈을 많이 써서 경비를 늘려 과세 대상이 되는 소득을 줄이려 할 것이다. 하지만 나의 주장과는 달리 상속세는 경감하는 추세고, 누진과세 세율도 내려가는 추세다.

내 고등학교 후배 중에 자신의 회사를 상장해 거액을 손에 넣은 사람이 있다. 그는 다른 사람들과의 소득격차가 벌어지지 않기 위해서라도 누진과세가 강화되어야 한다는 나의 주장을 지지해주었다. 그런데 그 이유가 참 대단했다.

"무일푼이 되어도 또 벌면 되니까 괜찮습니다. 아무래도 저는 돈 버는 재주를 타고났나 봅니다. 그 재주 하나만으로도 벌써 격차가 나는데, 번 돈을 세금으로 낸다고 손해날 것은 없습니다."

그의 대답을 듣고 '이 사람은 놀면서 살 수 있는 사람이구나.' 하고 고개를 끄덕였다. 그렇게 말할 수 있는 사람이라면 번 돈을 쓰는 데에도 주저함이 없으리라. 인생에서 중요한 것이 시간임을 이해하고 있을 터이니 놀면서 사는 데에 조금도 거리낌이 없을 것이다.

· POINT ·

사람들은 흔히 쓰지 않고 모으려고만 든다. 하지만 소비가 있어야 세상이 돌아간다.

엉뚱한 상상은
때때로 세상을 뒤집는다

기술적인 문제를 인공지능이 해결해주는 시대에는 '엉뚱한 상상력'이 경쟁력이 될 것이다. 기술은 발전해봐야 첨단기술이지만, 상상은 그 모든 것을 뒤엎을 수 있다. 인간만이 기발하고 엉뚱한 상상을 한다. 인공지능에게는 불가능한 이야기다.

상상하는 데에는 학력도 지식도 필요 없다. 아니, 어설픈 학력이나 지식은 오히려 상상에 방해가 된다. 자신의 상상이 실현 가능할지 따져볼 만한 지식이 많은 사람일수록 틀에 박힌 생각밖에 하지 못한다.

앞으로는 너무 공부만 해서 고지식한 사람보다 편하게 놀면서 상상할 줄 아는 사람이 더 인정받게 될 것이다. 내가 이런 소리를 하면 "공부법 책까지 냈던 사람이 할 소리는 아니지." 하고 야유할지도 모르겠다. 공부 자체를 부정할 생각은 없다. 공부가 좋은 사람은 공부를 하면 된다. 공부를 싫어하거나 못하는 사람이 억지로 공부에 매달릴 필요가 없다는 이야기다.

공부를 좋아하는 사람은 공부가 곧 놀이라서 얼마든지 상상력을 발휘할 수 있다. 하지만 공부를 싫어하는 사람은 억지로 애쓰며 노력하고 있는 터라 엉뚱한 상상을 할 여력이 없다.

어느 분야든 그렇다. 좋아서 하는 일은 힘들지 않다. 지루할 틈이 없다. 마음이 편해지면 생각이 자유로워져서 기발한 상상이 툭툭 떠오른다. 앞으로는 편한 삶을 선택하는 자가 더 많은 행운과 만나게 되리라.

> **·POINT·**
> 인간만이 기발하고 엉뚱한 상상을 한다. 인공지능에게는 불가능한 이야기다.

뭘 모르는 바보가 터뜨려야
초대박이 난다

지식이 어중간한 사람은 초짜의 생각을 업신여기기 십상이다. "아는 게 없으니까 그렇게 말할 수 있지.", "이래서 뭘 모르는 사람들은 안 된다니까." 같은 말을 면전에 대고 내뱉기도 한다.

하지만 이런 습관은 당장 고쳐야 한다. 지식이 없는 사람이 지식이 있는 사람보다 더 자유롭게 상상의 나래를 펼칠 수 있고, 그중에는 "듣고 보니 정말 그러네." 하고 고개를 끄덕일 만한 내용이 많다. 남을 업신여기지 말고 자기 자신부터 수용력을 길러야 한다.

회사처럼 상하관계가 분명한 조직은 상사가 부하 직원을 업신여기거나 선배가 후배를 무시하는 일이 많다. 하지만 아랫사람이나 신참의 생각이 오히려 지금 떠안는 과제를 근본적으로 해결해주기도 한다.

예컨대, 대부분의 상사는 신용도 실적도 없는 중소기업이 초거대기업과 거래하는 일은 불가능하다고 생각한다. 더 정확히 말하면, 이것은 '생각'이 아니라 '경험으로 알게 된 지식'이다.

하지만 신입사원에게는 이러한 경험이 없다. 그래서 판매액이 제자리걸음을 걷고 있을 때 신입사원이 "그냥 A사에 다 팔아버리죠!"라는 제안을 하면 대부분의 상사는 "바보 같은 소리 하지 마!" 하고 거들떠도 안 본다. "그게 가능했으면 벌써 했지."라며 냉소를 보이기도 한다.

하지만 경험 많은 상사도 A사와 거래를 시도한 적은 단 한 번도 없을 것이다. 어쩌면 찾아가본 적도 없으리라. 즉 신입사원의 제안이 정말로 바보 같은 소리인지 아닌지는 아무도 알 수 없다.

만약 이 상사가 부하 직원의 이야기에 흥미를 보인다면 어떻게 될까? 사실 밑져봐야 본전이다. 초거대기업이 상대해주지 않는다고 지금 당장 손해날 일은 없다. 만에 하나 일이 잘되면 이 중소기업은 당면한 과제를 단번에 해결할 수 있다.

이 제안을 했던 신입사원은 말도 안 되는 제안을 하려고 했던 것이 아니라 가장 간단해 보이는 방법을 찾은 것일 뿐이다. 그래서 설령 제안대로 일을 풀렸다 해도 '이게 그렇게 대단한 일인가?' 하고 고개를 갸웃하리라. 뭘 모르는 바보가 훨씬 더 스케일이 크다.

· POINT ·

지식이 없는 사람이 지식이 있는 사람보다 더 자유롭게 상상의 나래를 펼칠 수 있다.

엉뚱한 상상이 판을 칠수록
유쾌해지는 이 세상

초심자, 문외한, 지식이 없는 사람을 업신여기면 그 사람의 이야기에 처음부터 귀를 기울이지 않게 된다. "어차피 답답한 이야기일 테지." 하고 들을 생각도 안 한다.

그에 비해 지식이 있는 사람의 이야기에는 고개를 끄덕이며 경청한다. "이 사람은 나보다 훨씬 많이 알아. 그러니까 이 사람이 하는 말은 틀리지 않을 거야."라고 믿는다. 그런데 이런 믿음을 가지고 있으면 곤란한 일이 발생한다. 잘못된 지식이나 정보를 바탕으로 어떤 판단이 내려져도 "그 방법이 옳을 거야." 하고 믿어 의심치 않는 것이다.

어디 그뿐이랴. 지식이 없는 누군가가 흥미로운 이야기를 꺼내거나 무언가를 지적하면 내심 시험해볼 만하다는 생각이 들어도 "문외한의 이야기를 따를 수는 없지." 하고 외면해 버린다.

누가 말했느냐가 아니라 무슨 말을 했느냐에 초점을 맞추어야 한다. 초짜든 문외한이든, 그 사람의 학력이나 직함이 아니라 그 사람의 말을 중요시해야 한다.

엉뚱한 이야기라고 무시하지 말고 귀 기울여 들으면 어떤 분야에서든 생각의 폭을 넓혀 더 많은 기회를 붙잡을 수 있다. 기발하고 참신한 생각을 꼭 스스로 해야 하는 것은 아니다. 중요한 것은 그 사람이 누구든 그 사람의 이야기를 업신여기지 않는 태도다.

이 세상에 엉뚱한 상상력을 가진 사람이 늘어나고, 이들의 기발한 상상을 수용하는 사람이 늘어난다면 인공지능 시대도 그리 나쁘지만은 않을 것 같다.

· POINT ·
누가 말했느냐가 아니라 무슨 말을 했느냐에 초점을 맞추어야 한다.

CHAPTER 7.

인공지능과는
달라도
한참 다른
인간이기에

2% 모자란 로봇 청소기라도
내가 이해해주지

앞에서 나는 인공지능 이야기를 했다. 인공지능은 어쨌든 기계니까 인간보다는 실수도 적고 불평도 하지 않으며 주어진 작업을 프로그램에 따라 묵묵히 수행할 것이다. 많은 사람이 인공지능에 일자리를 빼앗기면 어쩌나 불안해한다. 일하지 않는 인간이 늘어날까 봐 두려워한다.

하지만 인공지능을 만들고 조정하는 것은 인간이다. 마음만 먹으면 인간은 그 어떤 인공지능도 만들 수 있다. 그래서 나는 때때로 재미있는 상상을 한다. "누군가는 허술한 인공지능을 개발하지 않을까?"라는 상상이다.

너무 완벽한 것보다는 좀 허술한 면이 있어야 정이 가는 법이다. 청소로봇이 자기 딴에는 열심히 청소했는데 방구석에 미처 빨아들이지 못한 먼지가 남아 있다거나 스스로 충전하려다가 미아가 돼버린다면 "역시 기계는 기계야." 하고 웃게 될 것이다.

그런 허술한 인공지능이 있으면 "아무리 기계가 실수 없이 완벽하다지만 역시 기계는 기계야." 하고 우월감을 가질 수 있다. 처음부터 살짝 모자란 인공지능을 만들면 인간은 그런 인공지능을 가끔씩 도와주거나 확인하는 역할을 잃지 않을 수 있다.

장기를 두는 인공지능이 프로 기사에게는 절대로 지지 않으면서 초심자가 두는 엉터리 장기에는 속수무책으로 당한다거나, 공장 인공지능이 계속 같은 작업을 하는 게 지겨워져서 게으름을 피운다면 어딘지 모르게 인간미가 느껴져서 정이 가지 않을까? 나는 그런 인공지능을 만드는 사람이 틀림없이 나오리라고 믿는다.

"그런 기계가 팔리겠어?" 하고 코웃음을 치겠지만, 모를 일이다. 자동차든 가전제품이든 기계에 애착을 느끼는 사람은 의외로 많다. "이 녀석은 내가 작동해야만 말을 들어." 하고 진지하게 말하는 사람도 있다.

앞에서 빨래 개는 기계 이야기를 했다. 그 대목을 보고, '빨래도 개고, 그걸 옷장 서랍에까지 넣어준다면 빨래에 들이는 수고는 완전히 덜 수 있을 텐데.' 하고 생각한 사람도 있으리라. 이런 기계를 원한다면 처음부터 서랍형 기계를 만들면 된다. 다 마른 옷을 넣으면 알아서 깔끔하게 접어 제자리에 탁탁 놔줄 테니 옷을 개고 정리하느라 애쓸 필요가 없다. 어쩌면 내가 모르고 있을 뿐 어딘가에서 이미 개발 중일지도 모른다.

내가 알기로는 현재 빨래 개는 기계에 약점이 있다고 한다. 양말을 개지 못한다는 것이다. 양말은 좌우가 한 세트다. 인간이라면 색깔, 무늬, 크기, 낡은 정도, 재질의 차이를 금방 알아보고 짝을 쉽게 맞출 테지만, 인공지능은 아직 이 작업을 해내지 못한다고 한다.

그도 그럴 것이, 색깔이나 크기의 차이를 식별할 수 있다 해도 똑같은 색, 똑같은 크기의 양말이 섞여 있으면 난감할 것이다. 양말을 잡아 올린 채 한참을 고민하다가 제짝을 맞춘다 해도 이런 인공지능은 없느니만 못하다. "남은 건 내가 할 테니 너는 쉬어." 하고 웃으며 인공지능을 탁탁 두드릴지도 모를 일이다.

　마음만 먹으면 우리 인간은 허술한 인공지능 기계를 만들어낼 수도, 그런 기계와 사이좋게 살 수도 있다.

· P O I N T ·

인공지능을 만들고 조정하는 것은 인간이다. 마음만 먹으면 인간은
그 어떤 인공지능도 만들 수 있다.

운전대는 인공지능에 맡기고
뒷좌석에서 유유자적하게

SF영화에서나 봤던 자율주행 자동차의 상용화가 멀지 않았다. 하지만 모든 사람이 이런 기능을 사용하지는 않으리라. 아무리 기술이 발달해도 자신이 운전해야 마음이 놓인다며 그 기능을 멀리할 사람이 반드시 존재한다. 이런 생각을 가진 사람의 수는 아주 오랫동안 줄지 않을 것이다. 이들은 앞에서도 이야기한 '직접 해야 직성이 풀리는 사람'이다.

생각해보자. 기계와 인간 중 어느 쪽이 운전석에 앉았을 때 확률적으로 안전할까? 아무리 실력에 자신이 있는 운전자라도 졸리거나 한눈을 팔 때가 있다. 피곤해서 판단력이 떨어지기도 한다. 본인은 제대로 운전해도 맞은편 차가 돌진해오면 사고를 피할 길이 없다.

확률적으로 생각하면 모든 차가 자율주행 기능을 사용하는 편이 더 안전하다. 만약 이런 기능을 사용한다면 증상이 분명하지 않은 초기 치매 환자도 목적지까지 안전하게 도착할 수 있다. 하지만 직접 해야 더 안전하다고 믿는 사람이 있는 한, 우발적인 사고는 피할 길이 없다. 게다가 '직접 해야 직성이 풀리는 유형'의 사람이 많아서 자율주행 자동차가 팔리지 않게 되면 자동차 값이 떨어지지 않아 자율주행 자동차를 사고 싶어도 포기해야 하는 사람이 생긴다.

살기 편한 세상, 자유롭게 상상의 나래를 펼칠 수 있는 세상을 누구나 바랄 것이다. 이런 세상을 만드는 데 가장 강력한 방해꾼은 우리 자신이다. 우리 내부에 들어앉아 있는 고정관념을 이제 버려야 한다. 어깨에 힘을 좀 빼고 더 즐겁게 살 수 있는 쪽으로 운전대를 크게 돌려야 한다.

· POINT ·
기계와 인간 중 어느 쪽이 운전석에 앉았을 때 확률적으로 안전할까?

더 편해지고 싶다고 조르는 힘이
기술을 발전시킨다

스티브 잡스는 새로운 유형의 천재로 평가받는다. 이전의 천재들이 자신의 영감을 각고의 노력 끝에 실현한 데 비해 그는 "이런 것이 있으면 좋겠다." 하고 직원들에게 명령했을 뿐이다. 그가 생각한 컴퓨터나 태블릿은 잇달아 큰 인기를 얻었다. 애초에 회사에서나 쓰던 컴퓨터를 가정용으로 만들겠다는 생각 자체가 당시의 상식을 뛰어넘는 것이었다.

만화 《도라에몽》의 등장인물 '노진구'와 스티브 잡스는 닮은꼴이다. 노진구는 본인은 아무런 노력도 하지 않으면서 도라에몽에게 "이렇게 했으면 좋겠다.", "이런 걸 만들어 달라." 하고 부탁하여 자신의 꿈을 척척 실현한다. 따지고 보면 노진구는 '조르기만 하는 소년'이다.

하지만 과학기술의 발달은 본래 그런 것이다. 무언가가 있으면 좋겠다는 사람이 있고 그 생각에 부응하는 누군가가 있으면 과학기술은 발달하게 되어 있다.

무언가가 있으면 좋겠다는 바람의 밑바닥에는 더 편하고 싶다는 마음이 깔려 있다. 만약 노진구 같은 사람이 없다면 인간은 계속해서 힘든 노력을 반복할 수밖에 없을 것이다.

지금 이 시대는 대부분의 어려운 작업이나 힘들게 노력해야 하는 일을 인공지능이 대신 해주고 있다. 인공지능으로 대체되는 속도는 앞으로 더욱 빨라질 것이다. 더 편해지고 싶다는 인간의 바람이 이 속도를 가속화할 것이다.

· POINT ·

만약 노진구 같은 사람이 없다면 인간은 계속해서 힘든 노력을 반복할 수밖에 없을 것이다.

엉뚱한 상상을 하는 나는
대체불가한 존재

인공지능으로 대체되어 노력의 가치가 떨어지고 창의력의 가치가 높아지는 흐름에 저항하는 사람도 있다. 그들은 가전 제품의 발달은 인정하면서도 자신이 편해지는 것에는 부정적인 시각을 가지고 있다. 놀면서 사는 것에도, 편해질 방법을 궁리하는 것에도 거부감을 갖는다.

하지만 그래서는 편히 살 수 있는 세상이 되어도 마음이 불편할 수밖에 없다. 한가롭고 행복한 나날을 절대로 손에 넣을 수 없다.

실현할 기술은 없고 창의력만 풍부한 노진구는 도라에몽

내 꿈은 놀면서 사는 것

이 없으면 아무것도 못할까? 나는 그렇지 않다고 생각한다. 오늘날에는 도라에몽을 대체할 수 있는 것이 아주 많기 때문이다.

꼭 도라에몽이 없도 얼마든지 '이렇게 되면 편하겠다.', '이런 물건이 있으면 좋겠다.' 하는 바람을 이룰 수 있다. 어쩌면 노진구는 스티브 잡스처럼 세상의 니즈를 파악하여 전혀 새로운 분야를 개척하는 인공지능을 개발할지도 모른다.

시대는 이미 바뀌었다. 이러한 시대에 자신에게 힘든 삶을 강요하는 것은 아무런 의미가 없다. '편하게 살기'는 지금 이 시대에 가장 자연스러운 생활방식이다.

· POINT ·

오늘날에는 도라에몽을 대체할 수 있는 것이 아주 많다.

어지간히도 한가해야
별생각이 다 든다

"어떻게 그런 생각을 다 했어? 어지간히도 한가한가 보네."
라는 소리를 누구나 한 번쯤 들어보았으리라. 사람들은 한가
해지면 쓸데없는 생각으로 시간을 낭비한다고 여긴다. 과연
그럴까? 나는 이 생각에 의문을 가지고 있다.

한가한 사람은 때때로 허황된 생각을 한다. 하지만 그런
생각이 세상을 편하게 만들기도 한다. 누구는 듣고 웃어넘기
겠지만, 누군가는 바보 같은 꿈, 바보 같은 상상, 바보 같은
노력이 인간의 장점이라고 인정할 것이다.

'이그노벨상(Ig Nobel Prize)'은 노벨상을 풍자한 상으로 유명

하다. 아마 다들 이름은 들어보았을 것이다. 기발한 연구나 엉뚱한 발명을 진지하게 평가하여 수여하는 상이다. 해마다 이 상의 발표를 기다리는 팬이 아주 많다.

역대 수상 내역을 살펴보면 일본인의 연구와 발명이 꽤 많이 포함되어 있다. 몇 가지 소개해보겠다. 우선 가라오케가 2004년에 이그노벨상 평화상을 받았다. 왜 평화상인지 의아해하는 사람도 있겠지만, 직장이나 인간관계의 스트레스를 가라오케에서 발산하는 사람이 아주 많다는 사실을 상기해보면 고개를 끄덕이리라.

2002년에는 '바우링걸(Bow-Lingual)'이 평화상을 받았다. 개 짖는 소리를 번역하는 기계인데, 이름도 참 절묘하다. 개의 언어를 이해하고 싶은 애견가들의 요구를 수용하여 개발한 발명품이다.

'바나나 껍질을 밟았을 때의 마찰 크기'라는 엉뚱한 연구도 있었다. 바나나 껍질의 미끈거림 정도를 알아본 연구인데, 2014년에 이그노벨상 물리학상을 받았다.

1995년에는 비둘기를 훈련해서 피카소와 모네의 그림을 구별하게 하여 심리학상을 수상하기도 했다. 나도 이 분야라면 뭔가 유머러스한 연구를 할 수 있을 것 같다.

이그노벨상의 수상자를 나라별로 모아보면 일본과 영국이 많다. 영국이야 그렇다 치고, 편안함보다 근면성실함에 가치를 부여하며 어쩐지 고지식할 것 같은 일본인이 이 엉뚱하고 기발한 분야에서 활약하다니 의외다.

사실 곰곰이 생각해보면, 사치는 적이니 일하지 않는 자는 먹지 말라느니 하는 가치관은 모두 쇼와시대(昭和時代. 1926~1989년)에 정부가 내세운 슬로건에 지나지 않는다. 일본의 근세인 에도시대(江戸時代. 1603년~1867년)로 거슬러 올라가보면, 지금의 도쿄, 오사카, 교토 등에 사는 서민들 사이에 예능과 오락이 매우 발달했음을 알 수 있다. 당시에는 그날 번 돈을 그날 다 써버리는 것이 미덕이기까지 했다.

사람들은 없는 돈까지 끌어 모아서 전통 연극, 씨름, 만담, 야담 등 각종 구경거리를 즐겼다. 개중에는 '어떻게 하면 일하지 않고 먹고살 수 있을까?', '어떻게 하면 더 편하게 돈을 벌 수 있을까?'를 하루 종일 생각하는 사람도 드물지 않았으리라. 놀고먹기 좋아하는 일본인의 DNA는 아마 1900년대 초의 고등유민을 끝으로 끊겼을 것이다.

어쩌면 이미 시작된 인공지능 시대가 오랜 세월 잊고 지냈던 '편안하게 살기'에 대한 중요성을 다시금 일깨워주고 있는

지도 모른다.

　고생을 존중하는 가치관이나 성실함이 최고라는 식의 가치관은 이제 버려야 한다. 더 편해질 방법을 궁리하거나 남이 보기에 황당한 생각을 한다고 해서 열등감을 느낄 이유가 없다. 아니, 앞으로는 더 엉뚱하고 황당한 생각을 더욱 진지하게 해야 한다. 우리는 이미 그런 시대에 들어섰다.

· POINT ·

고생을 존중하는 가치관이나 성실함이 최고라는 식의 가치관은 이제 버려야 한다.

망설여질 때는
편한 쪽을 선택하라

얼마 전에 세상을 뜬 배우 기키 기린(樹木希林)은 생전에 "저는 망설여질 때 편한 쪽을 선택해요."라는 말을 남겼다. 그녀의 인생이 정말로 편했는지는 알 수 없지만, 생전의 그 온화한 미소와 표정을 떠올려보면 너무 애쓰지 않는 편이 낫다는 자신의 생각을 실천하며 살았던 듯싶다.

그녀가 남긴 말은 참으로 묵직하게 다가온다. 편한 쪽, 즉 자신이 행복을 느끼는 쪽으로 선택하라는 말은 아주 당연하게 들린다. 누구나 자신은 대체로 그런 삶을 살고 있다고 여긴다. 하지만 지나온 길을 되돌아보라. 일부러 힘들게 노력하는 쪽을 선택하고 스스로에게 인내와 고생을 강요한 적이 훨씬 더 많지 않은가?

이 책에서 나는 편하게 살아야 한다고 계속해서 주장했다. "너무 이상적인 이야기다.", "지금 나의 현실이 괴로운데 어떻게 편해지라는 말이냐?" 하고 반박하는 사람도 많으리라. "무슨 말이 하고 싶은지는 알겠지만 꾸준한 노력도 중요하다."라며 스스로에게 노력의 가치를 되새기는 사람도 있으리라.

당신이 만약 그런 생각을 하고 있다면 한번 편한 쪽을 선택해보라. 힘들지만 이 일을 이겨내자고 마음먹는 것이 아니라, 어느 쪽이 더 편해지고 행복해질지를 먼저 따져보라. 그리고 그 결과를 눈으로 확인해보라.

당신이 편한 쪽을 선택하면 당신의 인생이 편해진다. 편해질 방법을 궁리하면 지금보다 더 많은 선택지를 갖게 된다.

· POINT ·

"저는 망설여질 때 편한 쪽을 선택해요."

옮긴이 **김현영**

수원대학교 중국학과를 졸업하였다. 현재 번역 에이전시 엔터스코리아에서 출판기획 및 일본어 전문 번역가로 활동하고 있다. 역서로는 《잠시도 말이 끊기지 않게 하는 대화법》《명참모의 조건》《하루를 완성하는 시간, 아침 30분》《1일 30초》《30일 기적의 공부법》《레이첼의 시크릿 가든》《도요타 생산방식》《반딧불이 CEO》《내 아이를 위한 독서비타민》《용기를 북돋우는 칭찬기술, 열정을 부르는 꾸중기술》 등이 있다.

내 꿈은 놀면서 사는 것

초판 1쇄 발행 2019년 12월 31일
초판 3쇄 발행 2024년 10월 1일

지은이 와다 히데키
옮긴이 김현영
펴낸이 정덕식, 김재현
펴낸곳 (주)센시오

출판등록 2009년 10월 14일 제300-2009-126호
주소 서울특별시 마포구 성암로 189, 1707-1호
전화 02-734-0981
팩스 02-333-0081
메일 sensio@sensiobook.com

ISBN 979-11-90356-16-9 03190

소중한 원고를 기다립니다. sensio@sensiobook.com